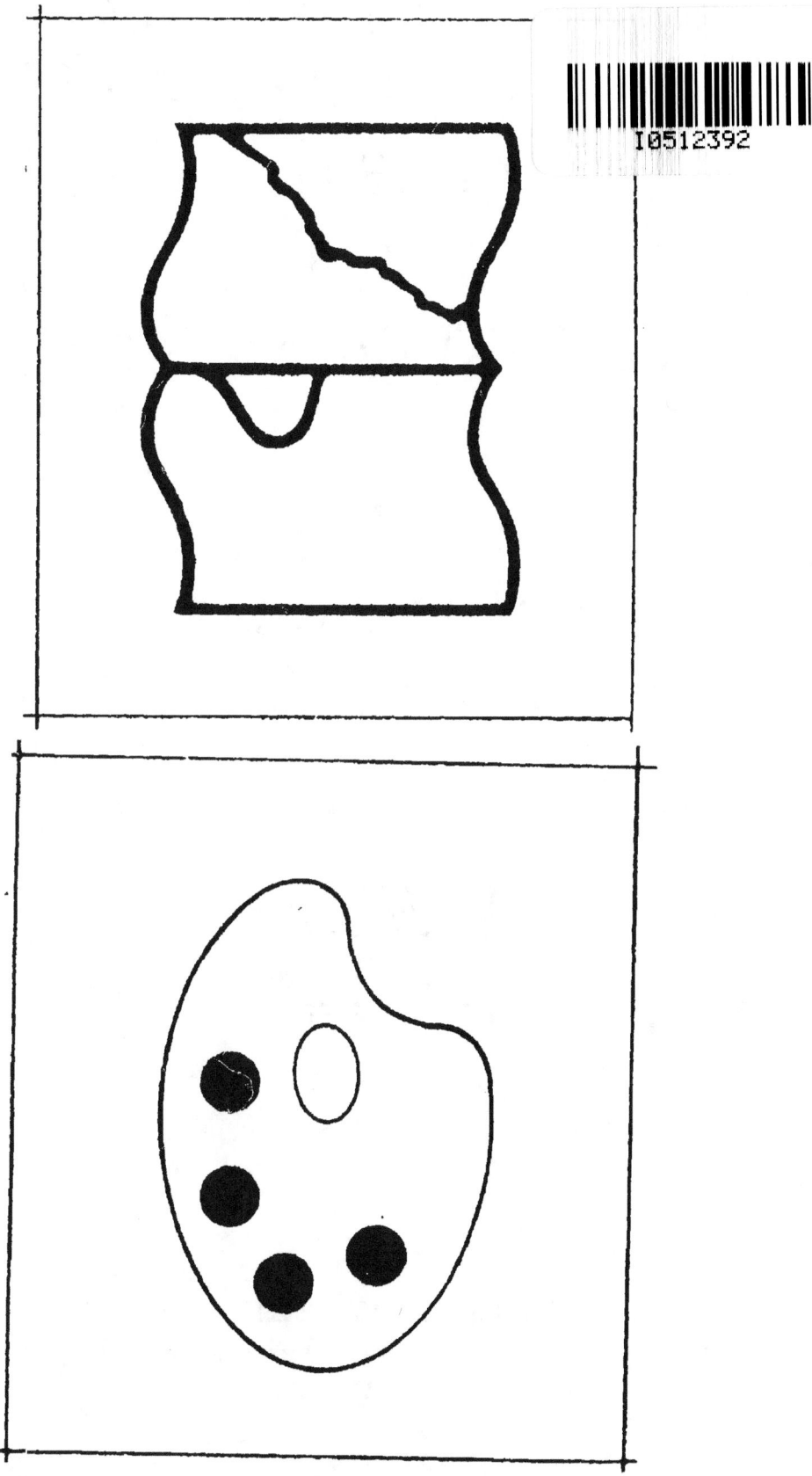

CAUSERIES
SUR
L'ART ET LES ARTISTES

PAR

PHILIPPE GILLE

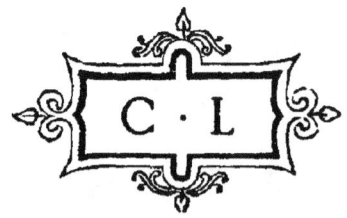

PARIS
CALMANN LÉVY, ÉDITEUR
RUE AUBER, 3, ET BOULEVARD DES ITALIENS, 15
A LA LIBRAIRIE NOUVELLE
—
1894

CAUSERIES SUR L'ART

ET

LES ARTISTES

Droits de traduction et de reproduction réservés pour tous pays, y compris la Suède et la Norvège.

PARIS. — IMPRIMERIE CHAIX. — 17032-8-94. — (Encre Lorilleux).

CAUSERIES SUR L'ART

ET

LES ARTISTES

PAR

PHILIPPE GILLE

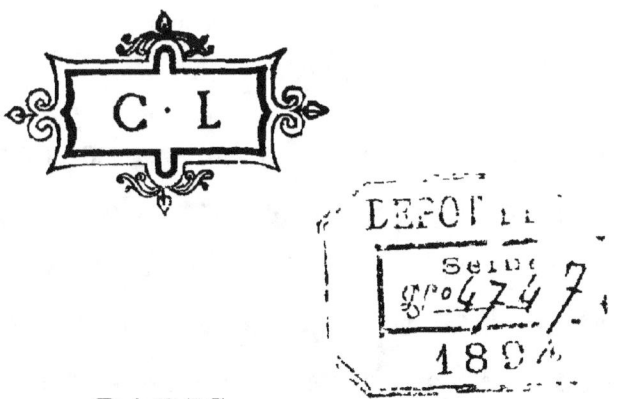

PARIS
CALMANN LÉVY, ÉDITEUR
ANCIENNE MAISON MICHEL LÉVY FRÈRES
3, RUE AUBER, 3
—
1894

A VICTORIEN SARDOU

DE L'ACADÉMIE FRANCAISE

Mon cher ami,

C'est de nos belles promenades dans les châteaux et à travers les parcs de Versailles et des Trianons, la forêt et la place où s'élevait le château de Marly, qu'est née une partie de ce livre dont je vous offre aujourd'hui la dédicace.

Vous n'y trouverez, bien entendu, qu'un certain nombre de mes études sur l'art et les artistes, sur les belles publications qui s'y rattachent et que j'ai pu aider souvent à vulgariser. Ce volume peut donc, bien que formant un tout, être considéré comme le point de départ d'une publication plus considérable. Je vous le dédie au nom d'une amitié qui date du jour où nous nous sommes rencontrés pour la première fois dans votre logis de l'impasse des Feuillantines, alors que nous trouvions nos vingt ans longs à venir et que nous nous croyions des hommes.

PHILIPPE GILLE.

Paris, juillet 1894.

CAUSERIES
SUR L'ART ET LES ARTISTES

LE MOÏSE DE MICHEL-ANGE

« Vous qui aimez la gloire, soignez votre tombeau; couchez-vous-y bien, tâchez d'y faire bonne figure, car vous y resterez! » Ce que Chateaubriand disait au figuré, le pape Jules II l'entendait au propre; aussi, dès qu'il se fut assis sur le trône pontifical qu'Alexandre VI venait de laisser vide, il appela Michel-Ange pour lui demander de lui élever de son vivant le plus beau tombeau qu'ait jamais eu un roi de la terre. Vasari nous dit que ce tombeau devait offrir un massif de construction rectangulaire de dix-huit brasses sur douze, ce qui équivaut à dix ou onze mètres de longueur sur sept de largeur. L'extérieur devait être orné de niches séparées par seize termes drapés, supportant l'entablement. Chacune de ces figures aurait tenu enchaîné un captif représentant une province conquise par Jules II et réduite sous la domination de l'Église. Le statuaire devait sculpter aussi plusieurs autres figures, emblèmes des arts soumis à l'empire de la mort, comme le pape lui-même qui les avait encouragés. L'entablement aurait été supporté par quatre statues colossales : la Vie active, la Vie contemplative, saint Paul et Moïse, et par une espèce de massif fort en reculée, lequel comprenait l'amortissement, massif surmonté lui-même de deux figures soutenant un sarcophage : l'une représentant le Ciel paraissant se réjouir de ce que l'âme de Jules II était allée se reposer dans la gloire éternelle; l'autre, représentant la Terre, semblait pleurer le pontife défunt. On devait entrer dans l'intérieur du massif par les deux petits côtés et on y eût trouvé une espèce de rotonde au centre de laquelle aurait été placé le véritable sarcophage. Enfin, à ce monument sans pareil, il aurait fallu quarante statues, sans compter les enfants et une foule d'ornements.

Comme on peut en juger à ce programme merveilleux, la modestie n'était pas le défaut de Jules II. Dès que le projet eut reçu l'approbation du pape, Michel-Ange partit pour chercher à Carrare le marbre dans lequel il devait tailler ce monde de statues ; il y passa huit mois, choisit et envoya à Rome les blocs que devait animer sa pensée, et se mit à l'œuvre. De son ciseau créateur sortirent d'abord quatre statues, puis huit autres figures ébauchées parmi lesquelles les deux *Prisonniers* qui sont aujourd'hui au musée du Louvre ; car la mort qui se soucie peu des projets des hommes avait décidé que

Jules II ne verrait jamais ce tombeau, et fermerait les yeux sans avoir réalisé son rêve d'orgueil et de vanité. Ce n'était plus la basilique de Saint-Pierre qui devait recevoir cet immense mausolée, mais une petite église, à quelques pas du Colisée, qui allait en recueillir, pour ainsi dire, les épaves.

L'ensemble du monument se compose de la statue de Jules II couché sur son sarcophage ; appuyé sur le coude, il semble se lever à demi et regarder devant lui : cette figure de Maso da Bosco est dominée par une statue de la Vierge, enfermée dans une niche et faite par Scherano da Settigano ; à droite et à gauche du sarcophage placé à une assez grande hauteur, on voit les statues d'un prophète et d'une sibylle, de Raffaele de Montelupo ; au-dessous de ces deux statues et également dans des niches, la Vie active et la Vie contemplative, par Michel-Ange. Puis enfin, assis et posé sur un bloc de marbre, et comme sorti de la niche qui lui était réservée entre deux cariatides, ayant pour bases deux grandes consoles de marbre renversées, apparaît le Moïse.

* * *

Quand je visitai Rome, j'eus le bonheur d'y rencontrer un ami de jeunesse, poète exquis, amant érudit du passé, le guide le plus précieux qu'on puisse désirer; vivant depuis bien des années dans l'intimité des merveilles romaines, il les aimait, les admirait en délicat, ne voulant jamais les voir que dans les meilleures conditions de saisons, de jours et même d'heures. C'est ainsi qu'il me montra les chefs-d'œuvre de l'antiquité, de la Renaissance et des XVIIe et XVIIIe siècles.

Un jour que le ciel était beau, vers la fin du mois de février, il m'emmena visiter un assez grand nombre d'églises; comme il me semblait que notre excursion était terminée, et que le moment de rentrer était venu, mon guide sourit et me fit remarquer que le soleil brillait encore quoique commençant à rougir les nuages qui passaient au-dessus de nos têtes. — « Soit, rentrons », me dit-il au bout d'un instant; puis il indiqua un chemin au cocher en lui recommandant de ne pas trop se presser. Je ne pris pas garde à cette recommandation, et, au bout de quelques tours de roues, la voiture s'arrêta devant une église, petite en comparaison des immenses basiliques que nous avions admirées; mon ami me demanda si je voulais entrer dans celle-là. J'étais, je l'avoue, fatigué par les courses de la journée et je descendis sans empressement de la voiture où mon guide me demanda la permission de rester pour se reposer; il s'excusa de me laisser faire seul cette dernière visite à laquelle il paraissait d'ailleurs attacher peu d'importance.

J'entrai, un peu par complaisance, dans l'église ; ce qui m'y frappa d'abord ce fut le charme lumineux, sans trop d'éclat, des rayons du soleil couchant qui traversaient le fond de la nef de gauche à droite, comme un torrent de poussière d'or. Je m'avançai d'un pas incertain, mais arrivé au bout du chœur, involontairement, sous l'empire d'une autre volonté que la mienne, je sentis ma tête se tourner et mes regards se porter à droite, là juste où venait s'arrêter cette irradiation déjà presque crépusculaire.

A l'instant, et sans que j'eusse eu le temps de former une pensée, je fus envahi par ce sentiment que je me trouvais en présence d'une majesté, la plus grande qui pût m'impressionner au monde. La merveille se dressait devant moi. Je ne pensais ni à Moïse, ni à l'art, ni à Michel-Ange, ni à quoi que ce soit, j'étais anéanti, stupéfié par une admiration impérieuse, absolue. J'étais envahi jusqu'au fond de l'âme par la plus grandiose œuvre humaine que j'eusse jamais vue. Ce n'était pas une statue que j'avais devant moi, c'était un dieu que, profane, je venais de surprendre regardant hautainement passer la vie, les siècles devant son tribunal, et qui me tenait immobile et comme écrasé sous ses yeux.

J'avais vu mille fois la reproduction dessinée, gravée, moulée, sculptée du Moïse de Michel-Ange, j'avais lu partout le détail des merveilles de son exécution, de ses superbes défauts, je ne reconnus pas le chef-d'œuvre que j'avais accepté comme tel jusque-là. Toutes les dissertations, toutes les admirations, toutes les critiques, toutes les impressions précédemment reçues, tombèrent brusquement, d'elles-mêmes, comme un inutile manteau qui aurait glissé de mes épaules à mes pieds.

Bien à plaindre qui peut, en de pareils moments, ressaisir la netteté de sa raison, la précision de son jugement, et substituer l'analyse à l'extase. Je n'examinais rien et je voyais tout en ce moment où l'heure du jour accentuait différemment, seconde par seconde, l'expression de cette majesté que saluait celle de l'astre qui descendait à l'horizon. En un instant j'avais, je le répète, tout oublié et tout appris de ce chef-d'œuvre qui se dressait superbe devant moi, sévère d'abord, puis terrible et comme menaçant à mesure que l'ombre du soir commençait de l'envelopper. Je ne vis et ne compris que ceci : c'est que si le geste de son bras était si grand, c'est qu'il rapportait du Sinaï la table de la loi qui relie l'homme à la divinité, et que si son regard était si fier, c'est qu'il venait de refléter Dieu lui-même.

Puis la nuit tomba comme subitement et, malgré son ombre, il me semblait voir encore comme une lueur émanée du marbre lui-même, comme une laiteuse phosphorescence. J'ai compris depuis, en pensant à l'émotion que j'avais ressentie, qu'elle était sœur de celle qui, lorsque notre monde était à son enfance, faisait croire aux miraculeuses apparitions. Ce qui me paraît vraisemblable, par exemple, c'est que les grandes œuvres conservent à travers les siècles, emprisonnée en elles, la portion de vie que les artistes y ont déposée et, qu'évoquée par l'admiration absolue, fervente, cette vie revient encore animer le marbre ou la toile, et mettre l'admirateur en communication avec le génie qui les a créées.

Quand je sortis de l'église Saint-Pierre-dans-les-Liens, San-Pietro-in-Vincoli, je me sentis fier du pas de plus qu'il me semblait avoir fait dans l'empire de l'Art; comme Moïse redescendant de la montagne, j'emportais aussi en moi quelque chose de ma grandiose vision.

※ ※
※

La statue de Moïse résume aujourd'hui presque à elle seule le tombeau qu'avait voulu le pape Jules II ; outre cet incomparable morceau, il n'en reste que les statues de la Vie active et de la Vie contemplative appelées aussi : Rachel et Lia, placées à droite et à gauche de Moïse ; le Louvre, comme je l'ai dit, possède deux des captifs ; quatre autres, seulement ébauchés, ornent le jardin Boboli à Florence ; dans le Palais-Vieux de cette ville on voit aussi un groupe de la Victoire qui n'est qu'ébauché, mais où se révèle dans les moindres parties la puissance du maître. De ces œuvres je n'ai pas à parler, car, quelle que soit leur valeur, elles sont bien dépassées par le solitaire de San-Pietro-in-Vincoli. C'est là qu'est, je ne dirai pas tout Michel-Ange, mais la plus impressionnante de ses œuvres. Quand meurt un grand de la terre, on a coutume de faire de magnifiques pompes à son corps ; son cœur, son cerveau sont offerts aux basiliques qu'on veut honorer. Michel-Ange est partout, en Italie, en France, en quelque lieu que soit un morceau de marbre vivifié par son ciseau, mais on peut dire que son cœur est à Saint-Pierre-dans-les-Liens.

On raconte que, par un bizarre caprice, Pierre de Médicis voulut un jour que Michel-Ange modelât pour lui un colosse de neige. La statue était d'une si belle allure que le successeur de Laurent le Magnifique chercha les moyens d'en conserver la forme. — C'est inutile, dit Michel-Ange, je n'ai travaillé que pour le « soleil » ! La réponse est-elle authentique, je l'ignore, mais le soleil qui fondit la neige semble partout protéger l'œuvre de l'immortel sculpteur et lui perpétuer la chaleur de son âme; j'en ai eu le sentiment devant le Moïse, bien fait pour ouvrir l'esprit à ces superstitions. A ceux qu'étonnerait mon récit enthousiaste, je souhaite un guide comme le mien dont l'amicale supercherie m'a fait voir juste à l'heure propice la plus grandiose conception du maître. Quand Michel-Ange arriva à

Carrare, devant la montagne de marbre où il devait trouver les matériaux pour le mausolée de Jules II, il eut, dit-on, l'idée de tailler la montagne elle-même en un colosse sans pareil; c'était un rêve de Titan; le Moïse est l'autre rêve du géant.

LE TRÉSOR DE DELPHES

Jupiter, voulant connaître exactement le point où se trouvait le milieu de la terre, prit deux aigles de taille, de force et de vol semblables, les lança au même instant en droite ligne l'un vers l'autre de l'Orient et de l'Occident, et quand il les eut vus se briser l'un contre l'autre dans leur formidable élan, déclara que le lieu où ils étaient tombés était le centre, la moitié du monde. Cet endroit fut Delphes, où Apollon tua le serpent Python et où s'éleva un merveilleux temple de marbre, remplaçant ceux de branches de lauriers, de cire et de plumes, d'airain et de pierres qui avaient été dédiés aux dieux. Toutes les richesses du monde affluèrent sur ce petit point du globe qui, non seulement fut le but des présents de Gygès, de Crésus et de bien d'autres, mais devint quelque chose comme une immense caisse des dépôts et consignations, et ouvrit son trésor à l'épargne de tous les riches d'abord, puis, plus tard, au pillage de tous les envahisseurs. La civilisation progressant, il ne resta bientôt plus dans Delphes, non seulement une pièce de monnaie, une statue intacte (Néron en fit prendre 500), mais encore un monument. Le temps vint qui jeta sur le tout l'oubli et la poussière, puis de petits villages qui s'édifièrent avec les pierres de la ville sacrée. Voilà pour Delphes ancien et détruit, passons au Delphes renaissant d'aujourd'hui.

C'est là au bas du Parnasse, dominé par

les murailles verticales des sombres rochers des Phœdriades d'où fut précipité Esope, juste à la place où s'élevait Delphes, qu'est le petit village de Castri où, il y a quelque temps, commençait une lutte qui, à certains égards, pouvait rappeler les combats de l'Iliade. L'ennemi, c'était notre École d'Athènes qui, ayant acheté le petit village pour y continuer des fouilles si intéressantes, y commençait ses installations, son chemin de fer, etc. Prudemment, M. le maire, le Démarque de l'endroit, avait disparu et laissé les habitants et aussi les habitantes s'expliquer avec les représentants de l'École française à Athènes, M. Homolle son directeur en tête. Une grande belle fille surtout paraissait animer les groupes de sa fureur: « A moi Chrysoula! Athanase! Marigo! » et, ce disant, elle brandissait une pioche, comme la Bellone de Rude fait de son drapeau. Tout à coup un berger de haute taille apparut (on l'eût pris pour un dieu), ramassa une corne de bélier, et s'avançant vers l'assaillante, lui enjoignit ainsi qu'à ses compagnes et compagnons de mettre bas les armes. Je l'ai dit, c'était de l'Homère au XIXe siècle. La trêve commença, et la furibonde guerrière, vaincue, vint à M. Homolle, le suppliant comme la Téthys d'Ingres supplie Jupiter, c'est-à-dire par de douces paroles et en lui caressant la barbe. Et la paix fut faite.

Et alors on put continuer la belle série de travaux qui nous a valu de si grandes découvertes, et nous a permis de rendre au jour un morceau d'intérêt capital, le trésor même, ce trésor dont la célébrité avait attiré jusqu'à Brennus du fond des Gaules. C'est à l'aide des beaux travaux de ses prédécesseurs, des textes trop souvent obscurs de Pausanias, que M. Homolle a pu déblayer et trouver un guide dans le tracé de la voie sacrée dont M. Haussoullier avait découvert une amorce. C'est le long de cette route que les fouilles ont enfin montré le trésor des Athéniens, un édifice petit mais exquis, d'une exécution raffinée, d'ordre dorique, en forme de temple *in antis* avec ses deux colonnes ; tous les soubassements subsistent ainsi que tous les éléments architectoniques ; les métopes et les frontons décorés de sculptures sont en partie conservés. Ce curieux monument avait été consacré en souvenir de Marathon et avec la dîme du butin. Il appartient, par conséquent, aux années 490, 480, époque capitale dans la constitution de l'art antique, celle qui précède immédiatement l'époque de perfection et se rattache pourtant encore à l'archaïsme. Aussi l'inégalité d'exécution se fait-elle sentir singulièrement ; il y a là des constrastes de morceaux achevés et d'autres presque brutaux, qui sont de précieux renseignements pour l'histoire de l'Art.

A grands frais, il a fallu commencer à

déblayer le temple d'Apollon fait de matériaux énormes; c'est sous ces travaux qu'on retrouvera probablement les dispositions originales de l'installation du fameux oracle. Avant la fin de l'année, on espère avoir mis à découvert le souterrain d'où s'élevait le souffle prophétique qui enivrait la prophétesse assise, dit un scoliaste d'Aristophane, sur le trépied dans des conditions sur lesquelles je n'ai pas à insister. Toujours est-il que cette malheureuse était littéralement hors d'elle-même en rendant des oracles et, non contente du souffle divin, se grisait en mâchant du laurier. Pardonnons-lui : bien d'autres qu'elle, sans remonter si loin, se sont grisés avec le laurier qui décidément est une plante aussi dangereuse pour les hommes que pour les pythonisses.

Je ne puis, malheureusement, qu'indiquer très sommairement les morceaux retrouvés, les curiosités découvertes ; ce sont de superbes sculptures, un Hercule étouffant le lion, des taureaux tués par Thésée, des fragments merveilleux, des guerriers combattants couverts d'énormes boucliers, un Hercule cravaté de pattes de lion, un Apollon à l'allure presque égyptienne, des inscriptions votives provenant du temple, celle d'une mère qui prie le dieu de lui accorder la maternité, celle où la même mère remercie le dieu qui lui a donné un bel enfant, dont les cheveux tombent jusque sur les sourcils, des inscriptions musicales, historiques, et bien d'autres; sans oublier des comptes d'administration de la fabrique du temple, des inscriptions de dettes, sortes « d'ardoises » sur lesquelles on ajoutait ou diminuait, selon la conduite du débiteur.

Je m'arrête en signalant les beaux travaux accomplis et en formulant un vœu qui se résume à ceci : L'administration française fait du mieux qu'elle peut pour encourager les travaux de l'École d'Athènes, mais son mieux est insuffisant, et il est du devoir de la France de faire aussi bonne figure dans ses explorations scientifiques, que l'Allemagne, l'Angleterre et l'Amérique. C'est par à peu près qu'on y parvient, malgré le mérite de notre façon de procéder reconnu par ces nations, qui possèdent bien d'autres ressources que les nôtres. Pourquoi ici, comme à l'étranger, l'initiative privée ne viendrait-elle pas au secours du gouvernement ? Pourquoi ceux qui ont la belle ambition de voir leur nom attaché à une grande œuvre ne donneraient-ils pas aux fouilles un peu des encouragements pécuniaires qu'ils prodiguent si généreusement aux Académies ? Presque tous les fonds d'exploitation pour l'Egypte, la Palestine, Chypre, etc., sont faits par l'initiative privée. En Autriche, un prince de la famille impériale encourage de fonds pris sur sa cassette, des recherches dans l'Asie Mineure ; les Allemands font de même à Olympie et finissent ce que nous avons commencé, et cela au bénéfice du musée de Berlin. Autrefois le duc de Luynes a encouragé de même l'exploitation de la mer Morte; un Rothschild a fait faire à ses frais des fouilles à Milet, travaux que vont probablement continuer aussi les Allemands. En Angleterre, on n'agit pas autrement.

De tels exemples doivent suffire, et nous devons espérer qu'ils seront suivis. Le gouvernement doit, de son côté, reconnaître qu'il y a aussi un intérêt politique à maintenir à un rang élevé et honorable notre École, la plus ancienne des institutions étrangères en Grèce. Les résultats obtenus ne l'ont été qu'à grands frais; on devine de combien doivent peser sur son petit budget l'acquisition d'un village, l'établissement d'un chemin de fer de soixante wagons, les soldes du personnel de l'École et de cent cinquante hommes, l'obligation de porter d'énormes rochers roulés de la montagne et les déblais à six cents mètres, pour ne recouvrir ni antiquités ni champs de culture. J'en ai dit assez, je crois, pour appeler l'attention des amis de l'art et du gouvernement sur de pénibles travaux qui se font là-bas, qui nous ont fait déjà beaucoup d'honneur ici, et qui peuvent nous donner, si nous le voulons, beaucoup plus de gloire encore.

UN LIVRE SUR REMBRANDT

Il semble que tout ait été dit sur Rembrandt quand on feuillette les nombreuses biographies, études et monographies qui ont été faites sur ce roi de la lumière ; il semble aussi que tout soit à dire quand on se trouve devant un de ses chefs-d'œuvre. Que de beautés non constatées encore se révèlent dans ces toiles, suivant le jour qui les éclaire, et où peut s'arrêter l'admiration quand on regarde ; *les Pèlerins d'Emmaüs, le Samaritain, le Philosophe en méditation, le Ménage du menuisier,* les portraits du maître, pour ne parler que de quelques-uns des merveilleux tableaux de notre Louvre.

Et pourtant Rembrandt a été étudié scrupuleusement dans tous les pays, en Hollande et en Allemagne tout particulièrement, par des passionnés de son œuvre, et en France, par Charles Blanc et Eugène Dutuit, qui avaient laissé de si importantes études sur les travaux du peintre, décrivant et cataloguant jusqu'aux moindres pièces sorties de sa main; mais c'est surtout de son œuvre gravée, de ses étonnantes eaux-fortes qu'ils se sont préoccupés; il était plus aisé d'ailleurs d'en avoir les épreuves sous les yeux que de visiter les musées et les collections pour examiner des tableaux, chefs-d'œuvre épars de tous côtés. Aussi n'avons-nous dans le *Supplément à l'œuvre complète de Rembrandt*, d'Eugène Dutuit, pour nous donner idée de ses toiles maîtresses, que des eaux-fortes, très belles il est vrai, de Léopold Flameng, Walter, Lalauze, Rajon, Lœnoff,

Kœpping, Courtry, etc., mais, en définitive des interprétations et non pas des reproductions d'absolue exactitude de tableaux si intéressants jusque dans leurs moindres détails.

Un érudit en matière d'art, peintre lui-même, M. Emile Michel, dont nous avons signalé les études sur les maîtres de la peinture comme Terburg, Hobbéma, Ruysdael, les Breughel, les Van de Velde, et déjà auteur d'un travail relativement sommaire sur Rembrandt, est venu combler cette lacune. Il a voulu voir lui-même les chefs-d'œuvre qui peuplent les musées, les grandes collections de l'Europe, l'Ermitage, Berlin, Dresde, Munich, le British Museum, Buckingham Palace, la National Gallery, l'Albertine et les galeries et collections du duc de Devonshire, de M. Seymour-Haden, du prince de Lichtenstein, du cabinet de Stockholm, etc., rapportant non seulement des études écrites, mais d'irréprochables reproductions par la photogravure et l'héliogravure, des plus belles toiles de Rembrandt, de dessins, d'eaux-fortes, de ces griffonnements qui, si petits qu'ils soient, portent l'empreinte du génie du maître. De cet ensemble de documents, M. Michel a fait un grand et beau livre, véritable monument élevé à la gloire de Rembrandt, intitulé : *Rembrandt, sa vie, son œuvre et son temps.*

M. E. Michel, pour bien étudier Rembrandt, s'est prudemment gardé de l'isoler des maîtres de son époque, et il s'est efforcé au contraire de les rapprocher pour bien faire comprendre leur influence réciproque. La plupart des œuvres y sont commentées, examinées jusque dans le moindre détail, l'auteur y a même constaté, en peintre qu'il est, jusqu'à l'emploi de la hampe du pinceau, pour dessiner en pleine pâte des poils de barbe, comparant, étudiant les rapprochements, les reproductions, les répliques d'une composition, réunissant, jusqu'au plus petit, tous les précieux morceaux sortis de la main de Rembrandt. En même temps que l'œuvre et son temps, M. Michel étudie aussi l'homme si mal connu, si diffamé même, dès qu'il fut mort; il fait le cas qu'il faut des légendes qui l'ont représenté comme un avare et, pièces en mains, prouve que le caractère du grand artiste était à la hauteur de son talent. Il mourut pauvre, ce qui n'est pas le cas d'un avare, et fut enterré aux frais de la Ville; elle dépensa ce jour-là quinze florins pour l'homme qui devait laisser un des plus grands noms, le plus grand peut-être de ceux qui représentent la perfection dans leur art. Car s'il faut admirer dans Rembrandt le peintre sans second dans la science de la lumière qu'il fait parcimonieusement filtrer dans l'obscurité apparente de ses tableaux, effleurant de son or, avec le degré d'intensité relative, chaque objet, il faut admirer aussi le poète qui, dans le simple croquis d'un enfant endormi, nous montre autant de charme et de tendresse que de perfection et de science. Le difficile, quand on parle de Rembrandt, est de s'arrêter; je le fais comme l'a dû faire M. Emile Michel, et avec autant de regret.

LES MURS DU LOUVRE

Si beau que soit l'écrin, on s'intéresse toujours plus au contenu qu'au contenant. Qui va penser, par exemple, à la muraille à laquelle est accrochée la *Joconde*, à celle qui est cachée par les *Noces de Cana*, ou aux murs dans lesquels sont scellées des œuvres de Phidias, arrachées au Parthénon ? Du Louvre proprement dit, on ne connaît guère que la merveilleuse galerie qui suit le bord de la Seine, la colonnade et la cour carrée ; à peine sait-on, dans ce qu'on appelle le public, les noms des architectes qui en ont élevé les façades et les pavillons, et il n'y a guère plus que les touristes qui aient appris par leurs guides les noms de Pierre Lescot, Lemercier, Levau et Perrault; combien peu se sont donné la peine d'aller admirer les charmantes sculptures de Jean Goujon qui ornent la partie du bâtiment située au sud-ouest de cette cour, se contentant d'y regarder d'un œil distrait les circonférences que de pieux archéologues ont tracées sur le bitume pour conserver le souvenir des tours de Charles V.

Aussi faut-il savoir gré à l'administration d'avoir pourvu chaque salle du Musée, depuis les grandes galeries jusqu'aux plus petites pièces, aux vestibules, aux antichambres, de tableaux indicateurs qui résument très clairement, en quelques lignes, l'historique de toutes les parties et appartements du Louvre. M. Kæmpfen, qui a écrit toutes ces courtes notices, pourrait, s'il les réunissait, publier un livre des plus intéressants; beaucoup d'elles pourraient même, si l'on voulait les compléter, fournir la matière d'un autre volume. Nous lisons, par exemple, à propos de la *Salle de la Melpomène :* « Cette salle est comprise dans les constructions, faisant face à la Seine, que Claude Perrault appuya contre l'aile de Pierre Lescot, de Lemercier et de Levau; elle donne sur le jardin appelé d'abord : *le petit Jardin de la Reine*, plus tard : *le Jardin de l'Infante*, à cause du séjour que fit au Louvre l'Infante d'Espagne, alors qu'il était question du mariage entre elle et Louis XV. »

Que de choses en ces quelques lignes qui résument, en même temps qu'une histoire enfantine pleine de mélancolie, les exigences féroces de la politique; j'allais dire de la politique d'autrefois, comme si celle d'aujourd'hui avait, devant la nécessité, des formes plus délicates ! Alors qu'il s'agissait, pendant la minorité de Louis XV, de resserrer l'union de la France avec l'Espagne, on décida qu'il serait fait entre les deux pays un échange de petites princesses; l'Espagne enverrait en France l'infante Marie-Anne-Victoire, âgée de cinq ans, pour être fiancée au roi Louis XV, alors âgé de douze ans; par contre, le Régent expédiait en Espagne une de ses filles destinée au prince des Asturies. Inutile de dire que ces fiancés ne furent pas consultés ; eux n'étaient pas encore en âge de songer à leur bonheur futur, et les autres ne s'en inquiétaient guère.

La pauvre petite princesse, laide, grêlée, nouée, très petite, disent les uns, plus jolie que laide, avec infiniment d'esprit et de vivacité, disent les autres, arriva, le 1er mars 1722, à Berny, amenant avec elle une Espagnole, qui était sa remueuse, et sans laquelle elle ne voulait pas marcher. Le petit Roi alla au-devant d'elle au Grand-Montrouge; la petite Reine se mit à genoux pour le saluer; le Roi la releva en s'y mettant à son tour. Barbier raconte que le Roi devint tout rouge et ne lui dit autre chose, sinon : « — Madame, je suis charmé que vous soyez arrivée en bonne santé. » Tout cela avec accompagnement de détachements de troupes, du maréchal de Villars, d'ambassadeurs, de tous les princes et de nombreux carrosses à six et huit chevaux, de pages, de palefreniers, des prévôts des marchands, de tentures dans les rues de Paris, d'inscriptions latines des plus flatteuses à l'adresse des futurs époux.

Ceux-ci montèrent tous deux dans le même carrosse; on mit l'Infante, la Reine, sur les genoux de madame de Ventadour et, par une attention délicate, on lui permit de jouer avec la poupée que son mari venait de lui donner, une poupée de vingt mille livres. Cela lui servit à ne pas trop s'effrayer du bruit des tambours qui battaient aux champs et de ne pas remarquer l'air un peu grognon du Roi. On coucha la Reine dans son berceau, et le soir tout Paris fut illuminé.

Passons sur les compliments du Parlement et d'autres adressés à ce pauvre bébé qu'on « porta » le soir au bal, où le Roi s'en donna à cœur joie, sautant comme un clerc de procureur; mentionnons seulement les *Te Deum*, les fêtes nautiques, les feux d'artifice, installons la petite princesse dans les appartements royaux et voyons-la se promener, courir dans ces petits jardins du bord de l'eau, appelés en son honneur, encore aujourd'hui, *Jardins de l'Infante*. Tout cela est bien brillant, et quelle belle vie semble se préparer pour la petite souveraine! Deux ans plus tard, elle prend la rougeole; on veut la saigner; elle pleure; elle se sauve toute tremblante. Alors on fait paraître un homme en bottes comme arrivant d'Espagne et apportant des ordres du Roi et de la Reine pour la saigner; cela ne l'intimide pas. On fait entrer un officier des gardes du corps, avec quatre gardes du corps, le fusil sur l'épaule, lequel dit qu'il vient de la part du Roi et qui ordonne qu'elle soit saignée; que se passe-t-il dans la tête de la petite souveraine? Elle paraît réfléchir, prend une détermination et tend son bras à la lancette.

Quant au Roi, depuis qu'il a vu la princesse, on constate qu'il a très mauvais visage et est bien pâli. Cela vient peut-être de chagrin, disent les Mémoires, car on affirme qu'il n'aime pas sa petite infante. Il faut bien, ajoute-t-on, qu'il souffre par complaisance jusqu'à l'année prochaine. Un Nostradamus annonce que la nouvelle mariée « dans peu de temps après mourra ». Enfin, un beau jour, trois ans après l'arrivée de l'infante à Paris, on apprend qu'elle va être ramenée en Espagne: on la trouve trop jeune, elle ne plaît pas au Roi et surtout à un nouveau caprice de la politique. L'affront est ressenti vivement de l'autre côté des Pyrénées et l'on y décide que, par représailles, on renverra également la princesse française qui y avait été expédiée.

L'Infante est remise en carrosse, un peu étonnée, très triste malgré ses huit ans, parce que le Roi ne lui a pas dit adieu. Elle a demandé la cause de ce départ, on lui a répondu, sans autres détails, que son père désirait la revoir; elle part et on lui rend les honneurs qui lui sont dus. Le reste appartient à la grande histoire et n'a pas place dans cette historiette. Tout ce que l'on sait de la petite Infante, traitée si dédaigneusement, c'est qu'elle fut reçue en Espagne officiellement, embrassée officiellement par Philippe V, son père, et Elisabeth Farnèse, sa mère, et mariée plus tard, toujours officiellement, à Joseph, roi de Portugal. Nous avons cru intéressant de résumer la vie de cette pauvre victime de l'étiquette et de la politique, dont le nom n'est plus rappelé que par les jardins du Louvre.

Chaque pas fait dans les salles du musée évoque un nouveau souvenir historique. En restant au rez-de-chaussée, par exemple, on se trouve, si l'on entre dans les salles du moyen âge, sur l'emplacement de l'hôtel du connétable de Bourbon, dont la porte fut peinte en jaune pour crime de félonie; ce qui n'empêcha pas Louis XIV d'y danser fort gaiement dans le ballet de la *Nuit;* voici dans les salles de Coyzevox, de Houdon, la place où l'Académie des inscriptions et belles-lettres tint ses séances; plus loin, au bas de l'escalier de l'Est, l'ancien atelier de David, et, revenant sur nos pas, à l'entrée du musée de sculpture, la salle des Cariatides.

L'histoire de cette grande salle tiendrait un volume. Sans se préoccuper de l'élégante nymphe de Benvenuto Cellini, des cariatides de Jean Goujon ni des sculptures antiques qui en font une des parties les plus belles du musée du Louvre, et à n'en connaître que la légende, les archéologues y trouveraient, depuis Saint-Louis, prétexte à l'écoulement de flots d'érudition. Rappelons seulement que c'est devant ces magnifiques piliers qu'après l'assassinat de Henri IV, son effigie moulée en cire par Grenoble, sculpteur-valet de chambre, revêtue, couronne en tête, des vêtements royaux, fut exposée pendant onze jours. Malherbe, qui la vit, dit que cette figure ressemblait fort, quoique « trop rouge, en poupée de palais ». La ressemblance était d'autant plus frappante que le visage du roi avait été moulé presque immédiatement après sa mort. Ce masque est celui que vendent encore aujourd'hui les marchands de plâtres, bien qu'on ait prétendu que ce soit celui résultant du moulage qui fut fait en 1793, lors de la violation des tombeaux de Saint-Denis.

Cette effigie fut remplacée, au bout de onze jours, par le cercueil contenant le corps du roi et sur lequel le petit Louis XIII vint jeter l'eau bénite.

Trois ans après, Marie de Médicis faisait installer un théâtre à cette place même où avait été exposé le corps de Henri IV, et riait au milieu de sa cour en voyant gambader Arlequin venu de Florence avec sa troupe ! Ce théâtre servit à Molière, à son retour à Paris; il y joua devant la reine-mère et le jeune roi (en 1658), le *Docteur amoureux*, après le *Nicomède* de Corneille.

N'oublions pas, puisque nous parlons de cette salle des Cariatides, qu'on y pendit durant la Ligue, et que Henri III, furieux contre ses pages qui s'étaient moqués de lui et de sa procession des flagellants, y fit fouetter cent cinquante d'entre eux jusqu'au sang.

Le premier étage n'est pas moins curieux

par les détails historiques que ne l'est le rez-de-chaussée. Montons-y par cette merveille qui s'appelle l'escalier de Henri II, dont la voûte est enrichie des sculptures de Jean Goujon, partie terminées, partie ébauchées, et entrons dans la salle Lacaze. Jetons pourtant un coup d'œil sur ce musée de bronzes antiques, autrefois une chapelle, où l'Académie française, alors qu'elle était logée au Louvre, faisait dire une messe en l'honneur de saint Louis et prononçait régulièrement son panégyrique. A la suite, se trouvent les salles des dessins, qui servirent d'atelier à Boucher, à Coypel et tant d'autres, d'appartements à Lebel, le trop célèbre valet de chambre, à Girardon, Coyzevox, Slodtz, Bouchardon, etc.

Dans la salle Lacaze, où siégèrent les États de la Ligue, se tint pendant toute la Restauration la séance d'ouverture des Chambres. Quant à la salle des Sept Cheminées, dans laquelle est placé maintenant le tableau du sacre peint par David, elle était coupée jadis par deux étages, et c'est dans l'espace qu'il faut chercher la place de l'appartement de Mazarin. Le Salon carré eut, lui, l'honneur, en 1810, d'être transformé en chapelle et de servir à la célébration du mariage de Napoléon et de Marie-Louise ; le défilé, parti des Tuileries, longea toute la Grande Galerie, suivi d'un cortège imposant de rois et de reines, de cardinaux, d'évêques, d'ambassadeurs et de grands-officiers de l'Empire.

Le Louvre, qui avait été le théâtre de tant de spectacles divers, drames et comédies, en offrait, cinq ans après cette journée de l'apothéose impériale, un bien différent ! Les rois et les reines n'étaient plus là, mais leurs armées étaient entrées dans Paris, chassant celui devant qui leurs fronts couronnés s'étaient penchés si bas. Il s'agissait de reprendre par la force ce qui avait été pris par la force. L'Apollon du Belvédère, la Sainte-Cécile de Raphaël, le Laocoon, les chefs-d'œuvre enlevés au Vatican, au Capitole, à tous les musées, étaient réclamés militairement par Blücher et par Wellington ; inutilement Vivant-Denon, Joachim Lebreton essayèrent-ils de plaider la cause de l'art, ce fut à peine si l'on obtint du général de Muffling de ne pas installer de poste prussien au Louvre ; le général Rebentropp, intendant général des armées prussiennes, tint bon pour le reste. Tant et si bien que l'on ne reprit pas seulement, mais qu'on prit aussi ; témoin la statue de Napoléon, sculptée par Canova et dressée dans la grande salle du rez-de-chaussée, derrière un rideau de soie verte à crépines d'or. La statue était nue, comme celle du Voltaire de Pigalle ; la pudeur anglaise ne s'effaroucha pourtant pas, et l'empereur de marbre fut transporté à Londres chez Wellington. Chose curieuse, l'Angleterre, qui nous reprochait le pillage des musées, était peut-être la seule nation qui n'en eût pas souffert, et ce fut elle qui tint le plus à ces restitutions, y ajoutant quelques objets comme souvenirs personnels.

Bien d'autres choses seraient à dire sur le musée, mais il est temps d'arrêter ces récits ; car s'il faut féliciter aujourd'hui les murs du Louvre de savoir parler, il ne faut pas qu'on finisse par leur reprocher d'être devenus bavards.

LES SCULPTURES
DU PARC DE VERSAILLES

C'est après qu'il a longuement contemplé les splendeurs du palais de Louis XIV, qu'il croit avoir dépensé toutes ses forces admiratives dans ces salles qui résument plus d'un siècle de grandeur et d'élégances incomparables, d'histoire glorieuse, galante et tragique, que le visiteur, les yeux encore pleins d'éblouissements, l'esprit débordant de tant de souvenirs évoqués, entre le plus souvent dans le parc de Versailles.

Alors, par un effet vraiment magique, il se sent subitement envahi et comme reposé par une impression toute nouvelle. Ses regards, jusqu'ici arrêtés sur tant de précieux objets, ne trouvent plus de limites et s'étendent étonnés sur l'espace, la forêt, les coteaux boisés, l'horizon lointain qui semble annoncer la mer, des pièces d'eau doublant le ciel, des statues et des masses d'arbres qui paraissent des écroulements de lourdes et colossales frondaisons. Le décor a subitement changé, et l'air plus vif qui passe sur le plateau, vient donner un redoublement de vie à tout l'être, le fortifiant, le préparant, pour ainsi dire, à de nouvelles admirations.

Le soleil est aux trois quarts de sa course, il descend à gauche, vers l'ouest, et ses rayons, perçant les blocs de feuillages, éclairent toutes les cimes moutonnantes de la droite, et déjà aussi la façade du château dont les vitres reflètent d'étincelants flamboiements. Tout au loin, au bout du Tapis vert, au delà du bassin d'Apollon, le grand canal développe une longue surface d'eau unie et brillante comme une plaque d'acier et terminée par deux rangées de peupliers qui, par une illusion de perspective, semblent n'être que deux arbres, deux hautes sentinelles gardant une lointaine issue du parc. A nos pieds, car c'est de la terrasse du château que nous regardons ces magnificences, voici *Latone*, entourée de son cortège doré, et près de nous, le Parterre d'eau, composé de deux bassins sur lesquels reposent couchés, dans l'attitude prise sous le grand Roi, des fleuves, des rivières, des nymphes de bronze, regardant fièrement et dédaigneusement passer sur eux et autour d'eux, les jours, les ans et les siècles.

Sans entrer dans trop de détails, il nous faut dire que le Parterre d'eau a subi plusieurs transformations avant de prendre l'aspect qu'on admire aujourd'hui. En 1682, ainsi qu'on le voit sur la curieuse gravure d'Israël Sylvestre, cette belle plate-forme était ornée d'une pièce d'eau, dans laquelle serpentaient des plates-bandes formées d'arabesques de buis et de plantes basses; ni les statues de la *Vénus accroupie* de Coyzevox, ni celle du *Remouleur antique*, n'étaient encore placées, et les deux sphinx, chefs-d'œuvre de Lerambert, qui sont accroupis à l'entrée du parterre du Midi, étaient posés à l'extrémité de la terrasse, au-dessus de l'escalier qui domine le bassin de Latone, et où s'élèvent aujourd'hui deux remarquables vases de marbre, sculptés par Drouilly et Dugoulon.

Louis XIV, qui pourtant dépensait des sommes considérables pour « l'entretènement » du parc, comme disent les livres de ses comptes, n'hésitait pas à faire changer et bouleverser pour améliorer; de là une suite de surprises et d'énigmes pour ceux qui veulent suivre les décorations des bosquets dans toutes leurs transformations. La flatterie, qui faisait pour ainsi dire partie de l'air qu'on respirait auprès du Roi, s'empressait d'enregistrer non seulement tous ses actes, mais même ses moindres intentions, et, à peine avait-il projeté une modification, que les sculpteurs, les architectes, s'empressaient de modeler des maquettes et de tracer des plans. Aussitôt les dessinateurs arrivaient dans les ateliers et, devançant nos reporters d'aujourd'hui, s'empressaient de prendre les moindres esquisses et de les donner à graver. Le lendemain, le Roi avait changé d'avis, mais sa fantaisie d'un instant était passée à l'état de document. C'est ce qui explique non seulement l'infidélité de certains détails dans des estampes représentant la décoration, les vues, les ornements du parc de Versailles, mais l'erreur complète de beaucoup d'historiographes du palais qui ont cité, comme ayant été faites, et cela d'après des gravures du temps, des constructions et des modifications qui n'ont jamais existé que comme projets. Ce désir d'enregistrer quand même a causé et causera encore bien des contradictions que nous signalerons chemin faisant.

Avant de descendre de ce plateau, il est bon d'en examiner sommairement les principales richesses qui forment comme un spécimen de la statuaire décorative du règne de Louis XIV. Tous les groupes de bronze, toutes les statues de marbre, sont en effet des œuvres qui appartiennent à l'histoire de l'art. Elles sont également empreintes d'une unité de beauté, de conception et d'exécution qui devient l'étonnement de tous ceux qui les voient et le tourment de ceux qui veulent les étudier pour en dégager la personnalité de chaque artiste. C'est là, chose difficile, car peu de statuaires ont pu se soustraire à la sévère et admirable direction qui a fait de Versailles un tout incomparable de style et de caractère, un ensemble sans second. Nos parcs, nos jardins d'aujourd'hui ne peuvent plus prétendre à ce grandiose aspect, composés qu'ils sont de morceaux divers, le plus souvent choisis dans les Expositions, et que ne relie aucune idée d'ensemble décoratif ; ajoutons qu'il est devenu plus difficile, même dans le cas d'un plan général exécuté sous une unique direction, d'obtenir la solidarité des idées des artistes, qui ne songent, le plus souvent, qu'à souligner leur individualité propre.

Les grands statuaires de Versailles ont observé cette discipline sous l'influence de Charles Le Brun et de Mignard, et c'est pourquoi, au bout de près de deux siècles, Versailles modifié, à peine relevé de ses ruines, a conservé la beauté solide d'une œuvre qui se soutient dans toutes ses parties. Est-ce à dire que les Coyzevox, les Girardon, les Desjardins, Van Clève, Le Gros, Regnaudin, Le Hongre, Magnier, Raon, et tant d'autres, se conformant à l'unique pensée d'un maître, se soient effacés à ce point qu'on ne puisse les distinguer les uns des autres ? loin de là, et pour ceux qui savent y regarder, la confusion n'est guère possible. Voici, par exemple, sur ce parterre, quatre œuvres de Coyzevox : un vase en marbre représentant la victoire de Peterwaradin que les Impériaux remportèrent sur les Turcs avec le secours des troupes françaises, une copie de la *Vénus accroupie* antique et deux beaux fleuves de bronze : *la Dordogne* et *la Garonne*. Que l'on compare ces deux dernières œuvres à celles de Regnaudin : *la Loire* et *le Loiret*, qui leur servent de pendant. Les quatre compositions sont peu différentes de silhouettes, d'attitudes ; mais, bien que Regnaudin soit un sculpteur de grande valeur, on aura cette sensation, en regardant les figures de Coyzevox, que ce n'est pas seulement le travail d'un grand artiste, mais d'un homme de génie que l'on a devant soi. Il suffit de cette tête fièrement portée, de ce geste aisé à la façon florentine, moins l'exagération du mouvement, d'une grâce inattendue qui vient fleurir sur la lèvre de bronze de cette nymphe ou de cette Vénus, pour révéler un maître. Faites vingt pas en arrière, toutes les marques de personnalité disparaissent, et groupes, statues et vases viennent concourir, chacun jouant son grand ou petit rôle, à une harmonie générale d'où se dégage une impression inoubliable.

Il est peu d'artistes employés aux travaux de Versailles qui n'aient pas obéi à cette sorte de consigne, accepté de rester dans le rang, comme on dit aujourd'hui. Seul, Puget ne put s'entendre avec Le Brun. Il y essaya du moins et crut que ses révoltes de paroles empêcheraient la postérité de l'enrégimenter dans ce bataillon glorieux; il n'en a rien été, et quand il a sculpté, pour l'entrée de la grande allée du Tapis vert, son *Milon de Crotone* et son *Andromède*, il a, vaincu par son tempérament d'artiste, trouvé juste le mouvement de sculpture décorative que Le Brun lui-même, qui n'était que le représentant du goût de son siècle, lui aurait demandé. C'est qu'au fond le grand art, qui a toujours l'esprit de son temps, n'est fait que de logique et que, quelque indépendant que soit l'homme de génie, qu'il s'appelle Phidias, Puget ou Rude, il a compris ce qu'exigeaient un sujet, ses développements et le milieu dans lequel il doit se présenter, avec ses proportions et ses harmonies.

Ce sont les bronzes qui forment la plus grande partie de la décoration de la terrasse du château, à commencer par les statues de *Silène, Antinoüs, Apollon* et *Bacchus,* copiées d'après l'antique par Mazière, Le Gros, Mazeline et Granier; elles sont d'une si belle qualité de fonte que plusieurs critiques avaient cru devoir les classer parmi celles de la Renaissance; c'était une erreur, et l'honneur de les avoir coulées revient aux frères Keller, qui, d'ailleurs, les ont signées, comme presque toutes leurs œuvres.

A propos des noms des sculpteurs qui sont placés sur les plinthes de certaines statues ou groupes, il a été dit et écrit que Le Brun, jaloux de toute gloire, et voulant faire de l'ensemble de la décoration du parc une œuvre qui lui fût exclusivement personnelle, avait défendu aux artistes de les signer. On allègue, à l'appui de cette accusation, que les noms des statuaires qui ont modelé les fleuves, nymphes et rivières du Parterre d'eau ont été, non pas fondus avec les statues, mais frappés lettre à lettre avec des poinçons, et cela après la mort de Le Brun. C'est là, je crois, une supposition qui méritait d'être examinée avant de passer à l'état de fait; on se demande, en effet, pourquoi Le Brun aurait empêché Coyzevox, par exemple, de mettre sa signature sur ces deux superbes morceaux qui s'appellent : *la Garonne* et *la Dordogne,* quand il lui laissait sculpter son nom sur les copies en marbre de *Castor et Pollux,* ou de la *Vénus accroupie.* L'histoire des signatures de beaucoup de statues de Versailles est encore à faire ; je n'en veux pour preuve que ce qui s'est passé à propos du groupe de *Marsyas et Olympus,* transporté de l'ancien bosquet du Théâtre d'eau à celui du Rond-vert, puis placé aujourd'hui au bosquet de la Salle de bal. Eudore Soulié, qui a pour ainsi dire ressuscité le palais de Versailles en rétablissant ses dispositions intérieures et celles de son parc, attribue cette copie de l'antique à Érard, alors que Piganiol et Thomassin déclarent qu'elle est de Goy ; Goy, qui, par parenthèse, traita ce sujet mythologique tout virgilien, mourut curé de l'église Sainte-Marguerite, à Paris. Pourtant dans la correspondance des directeurs de l'Académie de France à Rome, avec les surintendants des bâtiments, il est affirmé que l'inventaire d'Erard, peintre et alors directeur de cette Académie, prouve surabondamment que l'attribution de Piganiol et de Thomassin est exacte, quand ils mettent l'exécution de cette copie à l'actif des travaux de Goy; constatons pourtant que le groupe porte le nom d'Érard. On voit, rien que par cet exemple, combien les attributions deviennent difficiles, surtout quand il s'agit des nombreuses copies d'après l'antique que Louis XV faisait exécuter à Rome.

Ajoutons que les artistes de ce temps, moins jaloux, généralement, que ceux d'aujourd'hui, d'affirmer leur personnalité, ont, par de fréquentes collaborations, contribué à jeter le doute sur les auteurs réels de telles ou telles œuvres d'art; c'est ainsi qu'outre des statues terminées après le décès d'un artiste, comme : *Lucrèce se poignardant en présence de Collatin*, commencée par Théodon et achevée par Lepautre, l'*En-*

lèvement d'Orythie par Borée, commencé par Gaspard Marsy et terminé par Flaman, la *Statue de Louis XV,* modelée par Bouchardon, achevée par Pigalle, etc., nous voyons, non seulement Girardon donner, en cire, le modèle de l'*Énée* de Lepautre, mais Le Lorrain, élève de Girardon, exécuter, pour les jardins de Versailles, plusieurs figures sous le nom de son maître; le mémoire de l'abbé Gougenot confirme ce fait, signalé déjà dans les notices du temps.

Les peintres, les sculpteurs, qualifiés artisans, vivaient entre eux, faisant moins d'avances aux gens du monde, les grands seigneurs d'alors, que les artistes de nos jours. Un peu de fierté, beaucoup d'amour de leur art, les écartaient du courant mondain qui entraîne actuellement tant de peintres et de sculpteurs loin de leurs ateliers. Entre artistes on ne parlait que d'art, parce qu'on se comprenait, et l'art y gagnait; pareille chose ne peut guère se produire, selon moi, dans les cercles où nos maîtres d'aujourd'hui vont perdre beaucoup de temps, sinon un peu de dignité.

Est-ce à dire que les artistes d'autrefois aient toujours été des modèles de confraternité? Il ne faut rien exagérer, et les plaisanteries de rivaux en art avaient quelquefois de plus lourdes façons que les charges d'atelier du temps présent. Avant de rentrer dans notre beau parc, que j'ai abandonné un instant, je citerai ce simple fait qui témoigne de quelque cruauté. Le sculpteur Le Lorrain, à qui l'on doit les superbes bas-reliefs représentant les chevaux d'Apollon qu'on admire à l'Imprimerie nationale (ancien palais de Strasbourg), était d'humeur bizarre, d'une brusquerie à laquelle il devait un certain nombre d'ennemis. Le duc d'Antin, qui commandait alors d'importants travaux, grand admirateur du talent de Le Lorrain qu'il n'avait pas vu depuis fort longtemps, demanda à ce qu'on le fît venir pour le charger de l'exécution d'un morceau de sculpture. Un de ses confrères (l'histoire ne nous a pas conservé son nom) se contenta de répondre qu'il était mort depuis quelques mois. Le travail était pressé, il fallut le confier à un autre, ce qui fut fait séance tenante. Quelque temps après cette décision, Le Lorrain, informé des bonnes dispositions du duc d'Antin se présente chez lui. On juge de l'étonnement du duc. Celui qui a rapporté l'anecdote ne nous apprend pas comment elle finit. De nos jours on peut être aussi féroce, mais on y met des formes; c'est un progrès.

Nous voilà revenus à cette belle terrasse où nous n'avons guère fait que piétiner depuis un instant; avant de la quitter, jetons encore un coup d'œil sur l'ensemble général de l'œuvre de Le Nôtre. Pour être juste, cependant, ne laissons pas à ce grand dessinateur des parcs et des jardins, tout l'honneur de la belle disposition de ceux de Versailles. Comme Mansart avait perfectionné la construction de Lemercier et de Levau en modifiant le château, Le Nôtre avait trouvé le terrain bien préparé par Jacques Boyceau, traité simplement « d'horticulteur », qui écrivit un : *Traité du jardinage selon les raisons de la nature et de l'art*, et commença — on s'étonnera du fait — la révolution qui devait s'opérer dans l'art du jardinage ; il condamne les allées droites, veut, comme le dit Dussieux, la vérité dans les formes, comme il y en a dans la nature ; il veut l'eau, les fontaines jaillisantes et les ruisseaux, des sables de couleurs variées, des groupes, des statues, des palissades en bonne ordonnance d'architecture, avec arcades, niches, pilastres, chapiteaux, corniches et frontons, volières et des fleurs partout. Voilà ne semble-t-il pas non seulement le plan de tout le parc de Versailles, mais aussi un peu celui du futur petit Trianon. C'était un acheminement vers les jardins que Jean-Jacques Rousseau devait réclamer plus tard dans sa *Nouvelle Héloïse.*

Le Nôtre n'eut donc, jusqu'à un certain point, qu'à perfectionner, qu'à moderniser selon le goût plus nouveau, le travail de Boyceau, et à donner au parc l'aspect général qu'il a à peu près aujourd'hui. Je dis : à peu près, car non seulement les modifications faites par les hommes, mais celles apportées par la nature même l'ont singulièrement défiguré; c'est ainsi que, ni sous Louis XIV ni sous Louis XV, on ne voyait ces lourds ifs taillés en cônes, qui sont maintenant l'ornement des parterres d'eau du Nord et du Midi. Les ifs de ces jardins étaient des arbustes très bas et taillés diversement, offrant assez l'aspect de pièces d'échiquier; quant aux autres, ils étaient minces et élancés et ne venaient pas former sur les tablettes les encombrantes murailles de verdure qu'on y voit aujourd'hui. Il est vrai que le charme y était moindre, et que de l'arrangement régulier du premier parc résultait une impression d'uniformité dont la grandeur combattait mal la monotonie. Les arbres des allées étaient taillés en murailles et, avec leurs troncs cachés complètement par les charmilles, donnaient à certains points, comme au bassin d'Encelade, par exemple, l'aspect d'immenses paravents impitoyablement coupés à angles droits; des treillages, des portes pratiquées dans le massif des charmilles, de petits arcs, une architecture de treillis, parvenaient à grand'peine à rompre cette uniformité dont on retrouve encore un échantillon dans le jardin du couvent que madame de Maintenon fit dessiner par Le Nôtre à Noisy-le-Roy.

La fantaisie élégante, je dirai presque

à la façon des ouvrages de femme, se révélait par exemple, dans les magnifiques dessins qui faisaient des parterres comme d'immenses dentelles ou guipures; ces buis, ces fleurs, alignés ou recourbés en larges enroulements, courant comme des soutaches, formaient un spectacle des plus curieux, vu d'une certaine hauteur. Les parterres de broderies représentant des fleurons, des rinceaux, des becs de corbin, des volutes, des palmes, des rosettes, des panaches, des coquilles, etc., faisaient fureur sous Louis XIV, et il n'est pas de grands hôtels à Paris qui n'en aient eu dans leurs jardins; les plus beaux étaient ceux des hôtels de la Roquette, de Strasbourg, Soubise, Condé, Grammont, Uxelles, Luxembourg, La Rochefoucauld, Conti, Desmarets, du Grand Prieuré, etc., dont on trouve des indications sur le grand plan dressé par les ordres de Turgot. Ceux du parterre du Midi, de Versailles sont, dit-on, encore à peu de chose près semblables à ceux que Le Nôtre dessina pour Louis XIV.

∗
∗ ∗

Tout en protestant contre l'oubli qui est souvent fait du nom de Boyceau, quand on écrit sur le parc de Versailles, il faut rendre justice à Le Nôtre qui y apporta la plus-value de son génie. Son œuvre n'est pas seulement celle d'un habile dessinateur de jardins, c'est aussi celle d'un grand artiste; il avait étudié la peinture chez Simon Vouet, et c'est là qu'il avait puisé, en compagnie de Charles Le Brun, cet amour du détail et de la correction qui n'empêche pas, quoi qu'on dise, la grandeur de la conception. Louis XIV le prit à Fouquet pour qui il avait construit, au célèbre château de Vaux, des portiques, des treillages, des berceaux, des grottes, des cabinets, des labyrinthes, qu'on devait retrouver plus tard à Versailles. Le Nôtre est un des rares hommes qui aient jusqu'à un certain point pénétré dans l'intimité du grand Roi, lequel avait, pour sa valeur, une légitime admiration, sentant en lui un collaborateur de toute intelligence : Le Nôtre savait, en effet, tirer parti de ses idées et lui résister au besoin, par exemple pour l'agrandissement de l'allée royale, où nous voyons aujourd'hui le tapis vert.

Ne s'en rapportant pas seulement à la fécondité de son esprit, Le Nôtre chercha longtemps le plan du parc de Versailles, s'inspirant de ses souvenirs d'Italie, des jardins de Rueil, etc., dessinant, sans repos, des merveilles comme **Marly**, le grand Trianon, Clagny, Saint-Cloud, Meudon, les Tuileries, Chantilly, Sceaux, la terrasse de Saint-Germain, et bien d'autres parcs et jardins dont un seul eût suffi pour révéler un maître. Tout était prétexte à son génie, et les difficultés, loin de le décourager, lui fournissaient l'occasion de le montrer davantage. C'est ainsi qu'entendant parler de dessécher un marais qui embourbait l'extrémité du parc, il conçut l'idée d'en rassembler les eaux et en forma le grand canal qui complète si merveilleusement la vue qu'on a devant soi quand on est sur la terrasse du château.

Versailles était naturellement l'idée maîtresse qui dominait dans son cerveau d'artiste. A ce point que, étant allé à Rome, où il s'était lié avec le Bernin, il ne put s'empêcher, en audience du pape Innocent XI, de lui parler longuement du parc de Versailles dont il lui montra les plans en détail, exécutant même des croquis sous ses yeux. Le Saint-Père l'écouta avec intérêt; alors Le Nôtre enthousiasmé, ne put s'empêcher de s'écrier, avec la naïveté qu'il avait conservée : « Ah! Saint-Père, je n'ai plus rien à désirer, j'ai vu les deux plus grands hommes du monde : Votre Sainteté et le Roi mon maître. »

C'était bien parlé pour un jardinier ; aussi le pape, pour ne point être de reste avec lui, répondit :

— Il y a une grande différence entre le Roi et moi ; je suis un pauvre et vieux prêtre, serviteur des serviteurs de Dieu.

— Ah bah ! reprit Le Nôtre, vous vous portez bien et vous enterrerez tout le sacré collège !

Et il ne put s'empêcher d'embrasser le pape.

Le Nôtre était si fier de cette réception qu'il l'écrivit à Bontemps, le premier des quatre valets de chambre du Roi et gouverneur de Versailles et Marly. Le duc de Créqui, entendant ce récit en présence du Roi, ne voulut pas croire à l'embrassade.

— Ne gagez pas, dit Louis XIV, quand je reviens de campagne, Le Nôtre m'embrasse, il a bien pu embrasser le pape !

Quand, fatigué par ses travaux, Le Nôtre

eut demandé et obtenu sa retraite, il venait de temps en temps saluer le Roi qui le revoyait toujours avec grand plaisir. A Marly, Louis XIV, monté dans une chaise couverte traînée par des Suisses, voulut pour continuer sa promenade que Le Nôtre prît place dans une autre chaise à peu près semblable, pendant que Mansart, surintendant des bâtiments, marchait à côté d'eux. C'est alors que ne pouvant se contenir, Le Nôtre s'écria :

— Ah! mon brave homme de père ouvrirait de grands yeux s'il me voyait dans une chaise auprès du plus grand roi de la terre! Il faut avouer que Votre Majesté traite bien son jardinier et son maçon!

Le « maçon » fit, paraît-il, grise mine à ce compliment qui n'était pas le premier de ce genre que Le Nôtre lui eût décoché; l'histoire ne dit pas si Mansart ne lui en garda pas quelque petite rancune. Un dernier trait pour achever de peindre l'homme.

En 1675, Louis XIV lui ayant accordé des lettres de noblesse et l'ordre de Saint-Michel, voulut lui donner des armoiries.

— Oh! sire, fit en souriant cet homme de génie qui avait de l'esprit, j'ai mes armoiries toutes faites : trois colimaçons couronnés d'une pomme de chou et une bêche au milieu!

En regardant le beau buste que Coyzevox a laissé du grand jardinier, on sent que toutes ces choses peuvent être vraies. Il y avait en cet homme, dans la proportion de son temps avec notre siècle, un peu de ce qu'on aimait et admirait chez Corot : l'exubérance indépendante que donne la nature à ceux qui vivent avec elle, en même temps que cette justesse accoutumée de coup d'œil qui fait mesurer toutes choses de la vie aussi à leur véritable hauteur.

Mais revenons à nos jardins, et, sans

suivre un *rigoureux itinéraire*, traversons ces bosquets, dont nous avons tant parlé, en reconstituant autant que possible les divers états par lesquels ils ont passé. Ne croyons pas trop à Saint-Simon, toujours blessé, toujours amer, quand il déclare Versailles le plus triste et le plus ingrat de tous les lieux... sans air (!), quand il dit des jardins que leur magnificence étonne, mais que le plus léger usage en rebute, quand il les déclare de mauvais goût. Aussi bien, d'autres opinions viennent-elles combattre les siennes, sans parler de celle du trop flatteur Félibien qui, parlant du château de Versailles, dit : Entre toutes les maisons royales, celle-ci ayant particulièrement « eu le bonheur de plaire à Sa Majesté, etc. »; comme on le voit, il faut toujours faire, dans le passé comme dans le présent, une moyenne des opinions pour en dégager la vérité.

Jetons les yeux, avant de quitter la terrasse, sur les charmants cabinets de *Diane* et du *Point du Jour*, ornés, le premier d'une élégante statue de *Diane* par Desjardins (Van Bogaërts), de *l'Air*, une des meilleures œuvres de Le Hongre, de groupes d'animaux, parmi lesquels il faut admirer *Un loup*, de Van Clève, d'une haute facture ; le second entouré de deux belles statues de marbre : *l'Eau* par Le Gros, et *le Point du Jour* par Marsy. De chaque côté de la terrasse sont placés des vases de bronze par Ballin, véritables chefs-d'œuvre, parmi lesquels on remarque celui dont les bords sont mordus par deux dragons aux ailes courtes qui lui servent d'anses, et celui où deux petits génies, assis sur des masques de lions empanachés regardent, curieusement accoudés, le creux dans lequel on mettait jadis des fleurs. Ce dernier vase porte l'estampille de la première Révolution qui a substitué son sec et correct triangle égalitaire à l'écu richement fleurdelisé de Louis XIV.

Avançons-nous au milieu de ce parterre du Midi qui conserve seul les broderies de Le Nôtre, et où venaient se promener, pour respirer les parfums de l'Orangerie, les seigneurs et les dames de la Cour; les uns à pied descendant les marches de marbre rose, les autres en brouettes, en roulettes, en vinaigrettes, sur les pentes de pierre réservées au milieu des escaliers. Un charmant artiste du xviiie siècle, J. Rigaud, nous a laissé deux esquises gravures représentant la vue de l'Orangerie de Versailles; la première prise de la balustrade au bord de la terrasse du château, la seconde, de la pièce d'eau des Suisses. C'est vraiment avec la joie d'un curieux d'aujourd'hui qui se glisserait au milieu de ce monde si vivant et si facilement élégant du règne de Louis XV, qu'on assiste à la promenade, qu'on entend les caquetages de toute cette société minuscule qui évolue, rit, gesticule, les hommes le jarret tendu, caressant la poignée de leur épée, les femmes s'éventant, minaudant, toutes charmantes sous ces amples jupes, ces corsages provoquants, ces longues hottes qui descendaient de leurs épaules jusqu'à terre. On sent partout le bonheur et la hâte de vivre, de jouir, tout respire la légèreté, l'indifférence, l'amour du plaisir.

A peine ces personnages regardent-ils les objets qu'ils se désignent du doigt. Le geste n'est qu'une mise en scène gracieuse, faite pour les spectateurs de la promenade; on ne pense même pas à ce que l'on a l'air de se chuchoter à l'oreille, tout cela est du décor, rien que du décor, mais un spectacle charmant qui nous montre, en ces délicats et élégants personnages, l'esprit de tout un siècle, celui qui a précédé le nôtre, et que les événements de l'histoire en ont subitement fait si éloigné.

De la balustrade, régnant encore aujourd'hui, se développe une vue incomparable qui nous montre au loin les coteaux de Satory, et au bas, les reflétant, la grande pièce d'eau des Suisses, creusée à côté d'un étang qui occupait l'emplacement du potager et d'une longue allée où l'on avait établi un jeu de mail. Jadis une immense tablette de pierre en arrêtait les contours qui ruinés maintenant, encombrés de joncs, donnent l'aspect d'une grande mare à ce bassin qui fut si élégant. Au fond, sous le talus derrière les arbres duquel on voit aujourd'hui passer à toute vitesse les trains de Bretagne, s'élève une œuvre du cavalier Bernin, qui rappelle sa singulière mésaventure. Destinée à représenter Louis XIV vainqueur, cette statue, faite péniblement par le célèbre sculpteur italien, comme en témoignent les lettres des directeurs de l'Académie de Rome, fut envoyée à Versailles pour être placée au fond de l'hémicycle qui fait face au bassin de Neptune.

« Continuez, écrivait Colbert à Charles

Érard, alors directeur de l'Académie, à exciter le cavalier Bernin de travailler à la statue du Roy à cheval, et quoique vous le voyiez peut-estre éloigné et peu affectionné à ce travail, ne laissez pas de luy en parler de temps en temps, sans vous rebuter. Peut-estre qu'avec le temps et la patience nous luy donnerons envye de s'y appliquer. »

Charles Érard s'acquitta de la commission ; mais, tout en pressant le cavalier Bernin, il poussait aussi vivement Domenico Guidi à terminer un groupe important : *La Renommée écrivant l'histoire de Louis XIV*. Bien vraisemblablement le prudent directeur prévoyait quelque mécompte, car le Bernin était octogénaire et pouvait laisser son ouvrage inachevé. Il n'en fut rien et le groupe fut enfin terminé et envoyé à Versailles.

Toute la fougue et l'incorrection du statuaire se rencontrant dans chaque partie de ce morceau, la louange comme le dénigrement eurent largement de quoi s'exercer à son occasion. La Bruyère, lui-même, si réservé pourtant qu'il n'osait pas prononcer le nom de Versailles dans ses *Caractères*, et écrivait : « L'air de Cour est contagieux, il se prend à V*** », ou bien : « à V***, à F*** », pour ne pas dire à Versailles, à Fontainebleau, La Bruyère prit parti pour le Bernin :

« Bernin, dit-il, n'a pas manié le marbre, ny traité toutes ses figures d'une égale force, mais on ne laisse pas de voir, dans ce qu'il a moins heureusement rencontré, de certains traits si achevez, tout proches de quelques autres qui le sont moins, qu'ils découvrent aisément l'excellence de l'ouvrier. Si c'est un cheval dont les crins sont tournez d'une main hardie, ils voltigent et semblent être le jouet des vents, l'œil est ardent, les nazeaux soufflent le feu et la vie, un cizeau de maître s'y retrouve en mille endroits ; il n'est pas donné à ses copistes ny à ses envieux d'arriver à de telles fautes par leurs chefs-d'œuvre, l'on voit bien que c'est quelque chose de manqué par un habile homme et une faute de Praxitèle. »

On ne pouvait dire plus délicatement que l'œuvre était au-dessous de ce qu'on attendait ; ce fut l'avis de Louis XIV qui, courroucé de ce qu'on lui eût fait un visage aussi laid, en ordonna la destruction. Le cavalier Bernin était mort, et Louis XIV oubliait le temps où, faisant son buste et s'approchant de lui pour lui découvrir le front en arrangeant une boucle de sa chevelure, le sculpteur lui disait familièrement : « Votre Majesté est un roi qui peut se montrer à tout le monde. » Le grand Roi sourit, et le lendemain tous les courtisans avaient sur la tête des mèches à la bernine ! — Ces jours-là n'étaient plus, et la dernière œuvre faisait oublier toutes les autres. Le surintendant parvint cependant à calmer la colère royale, et Girardon fut prié de modifier le visage de Louis XIV qui, devenu un *Curtius*, fut relégué au bout de la pièce d'eau des Suisses. Quant au groupe de Guidi qui avait été placé au fond de l'Orangerie et sur lequel Girardon avait sculpté le profil du Roi (ces deux travaux lui furent payés 1325 livres) il vint prendre dans l'hémicycle du bassin de Neptune la place de *Curtius* qui, cette fois, tomba dans un gouffre réel et profond, celui de l'oubli.

Rappelons, pour mémoire, que c'est derrière cette statue qu'un matin de décembre 1788 eut lieu entre le bailli de Suffren et M. de Mirepoix un duel fatal au célèbre marin ; bien qu'il fût mort tué d'un coup d'épée, on fit répandre le bruit qu'il avait succombé à une attaque d'apoplexie. Ce n'est que longtemps après cette rencontre que la vérité fut connue.

Ceux que la curiosité pousse à aller examiner ce groupe expulsé des jardins de Versailles, peuvent voir le palais sous un de ses aspects les plus grandioses. Ces immenses bâtiments, ces escaliers de géants qui montent de chaque côté de l'Orangerie, ce développement général des terrasses, donnent une impression de grandeur incomparable, et font involontairement penser aux colossales constructions qui signalaient au loin Ninive. A mesure qu'on se rapproche du palais, les détails ressortent de la masse et viennent compléter un ensemble des plus imposants. Entre quatre pilastres surmontés de beaux groupes décoratifs de Le Gros et de Lecomte : *l'Aurore et Céphale, Vertumne et Pomone, Flore et Zéphir, Vénus et Adonis*, de corbeilles de fleurs et de fruits par Pinot, Lespingola et Dufour, apparaît le magnifique parterre de l'Orangerie. L'oranger était l'arbre favori de Louis XIV, et la Quintinie avait, dit-on, trouvé moyen d'en maintenir un certain nombre en floraison toute l'année ; l'Orangerie n'en contenait pas moins alors de deux milles caisses ; un millier de myrtes, de grenadiers, de lauriers venaient varier l'aspect de cette petit forêt embaumée. Parmi ceux que le temps a respectés, il faut citer *le Grand Bourbon*, semé, dit la tradition, au commencement du xve siècle par une princesse de Navarre.

L'aspect de l'Orangerie, resté le même depuis Louis XIV, au point de vue architectural, a subi bien des changements de détail. S'il faut en croire une gravure ancienne d'Aveline, entre chacune des douze hautes fenêtres cintrées qui éclairent l'intérieur de cette serre, étaient placées de grandes statues ; douze bassins dont un orné de la statue du Roi, offerte par La Feuillade, et les autres de figures « représentant les principales nations du monde rendant hommage au Roi en tenant en leurs mains des fleurs de leurs pays », décoraient cette terrasse couverte de parterres de broderies ; d'autres groupes, formés par des génies supportant des vasques aux eaux jaillissantes, venaient compléter le coup d'œil. Malgré l'importance de la gravure, je ne crois pas qu'il faille ajouter foi à tout ce qu'elle nous montre, et je pense qu'on doit en reléguer une bonne partie au nombre de ces mille projets du roi qui ne furent jamais exécutés. Ce qui est certain, c'est qu'ainsi qu'on le voit dans la gravure de Menant, publiée par Demortain en 1716, les deux groupes : l'*Enlèvement d'Orythie*, commencé par G. Marsy et fini par Flaman, et celui de l'*Enlèvement de Cybèle*, par Regnaudin, placés aujourd'hui à l'entrée du jardin des Tuileries, avaient été posés à droite et à gauche du bassin actuel de l'Orangerie et devaient y faire un très bel effet. Quant à la statue de Louis XIV, sculptée pour la place des Victoires par Desjardins sur l'ordre du maréchal de La Feuillade, elle a été transportée et se trouve encore maintenant au fond de l'Orangerie. La tête brisée en 1793, a été refaite sous la Restauration par le sculpteur Lhorta, qui rétablit aussi le profil du Roi sur le médaillon du groupe de Guidi.

Bien des choses seraient à dire encore sur cette Orangerie où Louis XV faisait faire l'exercice à des détachements de soldats, et où l'on avait massé, sous Louis XVI, les troupes qui devaient défendre le Roi contre les révoltés de Paris; quoique un peu déchue de sa grandeur première, elle offre encore aujourd'hui un coup d'œil charmant, et est devenue le but des promenades du soir des Versaillais, qui, du haut de la terrasse, plongent leurs regards sur un parterre d'orangers dont ils viennent respirer les parfums.

Que l'on descende par l'escalier des Cent-Marches qui dégage la droite de la terrasse du Midi, ou que l'on suive la pente plus douce qui lui est parallèle, on arrive facilement à un bosquet bien fêté autrefois et trop abandonné aujourd'hui : le bosquet de *la Reine*. Ce jardin, un peu sombre, un peu mystérieux, où se trouve une jolie statue de Flaman représentant une *Nymphe chasseresse*, un *Gladiateur* en bronze, d'après l'antique et quelques bustes, a servi, selon M. Campardon, au rendez-vous donné au cardinal de Rohan par la demoiselle Oliva qui se fit passer un soir pour Marie-Antoinette. Précédemment, on croyait que ce prologue de l'affaire du Collier avait eu pour théâtre le bosquet d'Apollon, mais M. Campardon, reproduisant la déposition de Rétaux de Villette qui affirme que lui et ceux qui l'accompagnaient étaient descendus vers le bosquet de Vénus, nom que ce jardin a porté quelque temps, il est vraisemblable que c'est là qu'a eu lieu le rendez-vous, qui a défrayé tant de calomnies. Quoi qu'il en soit, cette partie du parc si oubliée présentement, lui a servi jadis de grande attraction, car c'est là que seigneurs et bourgeois venaient se perdre à qui mieux mieux dans le *Labyrinthe*.

* * *

Le *Labyrinthe*, dont deux tableaux de Cotelle, conservés dans le musée de Versailles, peuvent donner une exacte idée, avait été dessiné et construit par Le Nôtre. Piganiol de La Force nous apprend, avec une parfaite ingénuité, que ce bosquet avait pris son nom d'un « entrelassement » de plusieurs allées bordées de palissades dans lesquelles on s'égarait facilement. « A chaque détour, ajoute-t-il, on rencontre une fontaine ornée d'un bassin de rocaille fine, où l'on a représenté au naturel une fable d'Ésope, dont le sujet est marqué par une inscription de quatre vers gravés en lettres d'or sur une lame de bronze peinte en noir. » Ces vers étaient de Benserade.

L'entrée du jardin était gardée par deux statues de plomb enluminé, l'une, celle de gauche (bien que De Fer, contrairement à Piganiol et Demortain, l'indique à droite) représentait le bossu *Ésope* et l'autre l'*Amour*, tenant entre ses mains un peloton de fil, avertissement à ceux qui se hasardaient dans ce dédale d'allées habilement enchevêtrées. Piganiol, qui voit plus loin, nous dit que l'Amour tient un peloton de fil dans ses mains pour signifier que si ce dieu nous jette quelquefois dans un labyrinthe d'inconvénients, ce même dieu nous donne aussi le moyen de les démêler et de les surmonter. J'avoue qu'ayant examiné ces deux statues, les seules qui soient restées intactes de toutes celles qui ornaient le Labyrinthe, je n'ai pu y distinguer tant de choses que Piganiol; chacun peut, du reste, en juger, car ces figures, l'*Ésope* de Le Gros et l'*Amour* de Tuby, sont aujourd'hui placées à l'entrée du bosquet de l'Arc-de-Triomphe, près la pièce d'eau de Neptune.

Outre dix beaux vases par Bertin, les animaux en plomb qui composaient les fontaines du Labyrinthe étaient, dit un autre écrivain, coloriés selon le naturel et si bien dessinés qu'ils semblaient être dans l'action même qu'ils représentaient. « D'autant plus que l'eau qu'ils jetaient imitait en quelque sorte la parole que la fable leur a donnée. » Ces charmantes compositions, dont il reste encore quelques échantillons dans les magasins du château : *le Renard et les Raisins*, des paons, un dindon faisant la roue, un coq, des cigognes, des loups, des renards, des singes, etc., étaient l'œuvre des sculpteurs Massou, Mazeline, Legeret, Drouilly, du rocailleur Berthier, et ont passé pour avoir été peintes par Desportes. Des raisons basées sur des dates ne permettent pas d'accepter cette dernière attribution ; étant donné que le Labyrinthe fut construit de 1667 à 1674, il ne put que les retoucher beaucoup plus tard, n'étant né qu'en 1664. Ce qui est certain, par exemple, c'est qu'à défaut de ces compositions il peignit d'après nature, à Versailles, les charmants portraits des chiennes de Louis XIV : *Diane, Blonde, Nonne, Donne, Folle, Mie, Zette* et ceux de *Pompée* et *Florissant* de la meute de Louis XV, placés maintenant au musée du Louvre.

Dans un volume imprimé en 1679 à l'Imprimerie royale, et auquel nous avons emprunté quelques détails, se trouvent réunis, en même temps que la description de ces fontaines et les gravures qui les représentent, les fameux quatrains de Benscrade qui, certes, n'eut pas la prétention de rivaliser avec La Fontaine.

On entrait par une petite porte de fer surmontée de la couronne royale posée sur les L entrelacés et on pénétrait dans le Labyrinthe; les mieux avisés avaient soin de passer devant la statue de l'*Amour*, debout sur un socle de rocaille, car ce n'était qu'en s'engageant de ce côté qu'ils pouvaient faire une promenade méthodique qui leur permettait de voir les trente-neuf fameuses fontaines. La première, qui se présentait de face, était certainement une des plus belles; elle symbolisait la fable du *Duc et des oiseaux*.

On trouvait devant soi un grand demi-dôme de treillage, sorte de cage sur les barreaux de laquelle étaient perchés les oiseaux de toutes sortes: colombes, autours, chardonnerets, mésanges, pigeons, perroquets, cigognes, ouvrant tous des becs indignés pour reprocher sa laideur au pauvre oiseau de nuit qui osait se hasarder en plein jour en leur compagnie; lui, tranquillement posé au milieu du bassin, recevait leurs injures, sous forme de cent jets d'eau, auxquels répondaient d'autres jets placés autour de lui, lancés par des joncs et des plantes aquatiques, et s'étalant en forme de bouquet de feu d'artifice. Rien n'était, paraît-il, plus charmant que la couleur du plumage de tous ces oiseaux admirablement peints et modelés, au milieu des jeux que la lumière faisait passer dans les fusées d'eau. Le tableau de Cotelle, conservé au musée de Versailles, donne une idée exacte du charmant spectacle que devait offrir cette fontaine qu'on voyait encore en 1775, époque à laquelle Louis XVI fit modifier et replanter tout le parc. N'oublions pas le quatrain de Benserade :

> Les oiseaux en plein jour voyant le duc parestre
> Sur lui fondirent tous à son hideux aspec.
> Quelque parfait qu'on puisse estre,
> Qui n'a pas son coup de bec !

Une charmante fontaine était aussi celle

du *Singe et du Chat.* Sur une coquille de bronze doré, supportée par d'élégantes consoles de même métal, s'élevait un brasier duquel sortait un abondant jet d'eau. Le singe avec un rire très bien grimacé, prenait la patte du chat qui paraissait se défendre. Le tout admirablement rendu comme modelé et comme peinture.

Parmi les fontaines les plus remarquées du Labyrinthe, il faut encore mentionner : *Le Cygne et la Grue; les Cannes et le Barbet*, groupe enfermé dans un ravissant bosquet de treillage, et le *Lièvre et la Tortue*, toutes compositions d'une rare ingéniosité et exécutées avec la science et la perfection de main d'artistes de haute valeur.

Ceux-ci ne croyaient pas s'abaisser en acceptant non seulement des travaux qui, même s'ils n'eussent pas été anonymes, ne devaient rien ajouter à leur gloire, mais aussi en se chargeant des restaurations de statues, d'ornements du palais, comme en font foi les comptes qui ont passé sous nos yeux.

Et puisque nous parlons de ces comptes qui renferment de si précieux renseignements sur l'art et les artistes de la fin du xviie siècle et du commencement du xviiie, relevons ces menus détails qui figurent aussi dans les dépenses, à côté de celles du *Milon de Crotone* de Puget, ou de l'*Enlèvement de Proserpine* de Girardon. Voici, par exemple, une note qui peut servir à prouver que, sous Louis XV, l'administration s'inquiétait plus qu'on ne le penserait de la morale publique. Remarquons qu'il s'agit d'un sculpteur ornemaniste, Hardy, lequel a laissé de très beaux morceaux à Trianon et à Versailles, et à qui l'on doit une partie des vases qui entourent la pièce d'eau de Neptune. Nous copions, avec son orthographe, la moitié du document :

Mémoire des réparations faites pour le service

du roi, tant dans le gardin du château de Versailles, qu'au château, par l'ordre de monseigneur le duc d'Antin, commencé depuis le 14 aoust jusqu'à la fin de l'année 1726 par Hardy... Plus, dans le gardin a esté faits à la main, sur le lieu, sept feuilles de vigne de plastre pour couvrir les nudités des figures, une double sur la grande figure d'Hercule de l'isle royalle, et une autre feuille au Gladiateur mourant, du bas de la rempe, une autre feuille au sathire du théastre, une quatrième à la Vénus de l'Étoile, une autre au rotator, une autre à la Vénus de l'alée royalle et un bout de draperie à la Vénus Callypige, pour peine d'ouvrier et fourny le plastre, pour ces 24 livres.

Ajoutons qu'une main peu généreuse réduisit les vingt-quatre livres demandées par Hardy à dix-huit livres. Au sortir de la Régence, au commencement du règne de Louis XV, on ne s'attendrait pas à trouver autant de pudeur ni d'économie.

Si l'on payait assez régulièrement sous Louis XIV, il n'en fut pas toujours de même sous Louis XV, et les dossiers sont remplis de réclamations de payements. Il en est une qui nous a paru particulièrement intéressante à cause de la persistance du pétitionnaire; elle est datée du 16 mars 1761, et adressée à M. de Marigny, frère de madame de Pompadour, alors surintendant et directeur des bâtiments royaux :

> Monseigneur, Bocquillon qui a eu l'honneur d'être à votre service pendant plusieurs années en récompense de quoy vous luy avez fait avoir la place de garde-bosquets, implore vos bontés; n'étant point payé il a été obligé de se déffaire de ses effets pour vivres, il n'a plus rien à vendre et il doit; comme il luy est dû trois ans de gratification, il vous supplie, Monseigneur, de lui en faire payer seulement deux années pour satisfaire ses créanciers, principalement le boulanger qui luy refuse du pain et le boucher qui refuse de la viande. Si Monseigneur ne lui rend ce service, il ne scay que devenir étant continuellement absorbé par ces deux personnes, il aura à Monseigneur une entière obligation.

Cette dernière demande de l'infortuné Bocquillon eut un meilleur sort que les premières, car au bas, elle porte écrit, de la main de M. de Marigny : *Bon pour être payé des premiers fonds*. Le beau temps du grand Roi était passé ; et l'administration en était réduite à de mesquins accommodements : « Nous sommes méprisés à cause de nos uniformes », écrit un garde du nom de Lécuyer à M. de Marigny ; et de fait, il paraît que ces malheureux ne portaient plus alors que de vieux et sordides vêtements. Le surintendant fait examiner la question et on juge que des réparations à l'habit de Lécuyer peuvent suffire jusqu'à un certain point, car il clôt le débat par cette note marginale : « Il y a été pourvu en donnant satisfaction aux deux nouveaux gardes-bosquets, par un arrangement qui ne coûte presque rien au Roi. — Mai 1770. »

On utilise aussi tout ce qui peut éviter de nouvelles dépenses, même pour les réparations du palais ; Gabriel, le grand architecte, propose au Roi, en 1743, de détruire la maison du désert dans le parc de Versailles dont jouissait feu « madame la duchesse », et aussi le pavillon de bains qu'il déclare dans un état de délabrement épouvantable et irréparable, ainsi qu'il résulte d'une visite qu'il a faite le matin même. Il ajoute : « S'il plaisait à Monseigneur d'en proposer au Roy la démolition, nous pourrions en tirer quelques effets comme cuves de marbre, quelques cheminées, carreaux de marbre, plusieurs glaces, des plombs et des robinets, etc. » Ce système de suppression, pour éviter les frais d'entretien, a malheureusement été trop longtemps appliqué à Versailles, et c'est lui qu'il faut accuser de la disparition de tant de parties intéressantes de ses jardins, comme le *Labyrinthe*, le bosquet des *Trois-Fontaines*, de *l'Arc-de-Triomphe*, du bosquet *Dauphin*, de celui des *Dômes* et de *l'Ile royale*.

Parmi ceux qui ont été le moins défigurés par les bouleversements qu'Hubert Robert a infligés au parc de Versailles, il faut citer la *Salle de Bal* ou *des Rocailles*, qui n'a guère eu à souffrir que de la perte de quelques vases et du déplacement de plusieurs statues; elle a conservé la plus grande partie de ses rocailles et présente encore l'aspect que l'on voit dans le tableau de Cotelle qui est au musée de Versailles. Ce charmant bosquet, qui fut très habilement réparé par l'architecte Questel, servit, dit Dangeau, à un grand souper donné par le duc de Bourgogne au retour d'une chasse au loup. Il mentionne aussi une collation magnifique qui y fut préparée, en 1691, pour le Roi, Monseigneur, le roi et la reine d'Angleterre, Monsieur et Madame, les princesses et quelques dames de leur suite, après une longue promenade dans l'Orangerie. On y voit encore de très belles torchères placées sur des socles de marbre de Languedoc, modelés par Houzeau et Massou; au fond se trouve le groupe du *Satyre Marsyas* de Goy, dont nous avons parlé plus haut, et qui tient la place du groupe de *Papirius et sa Mère*, posé maintenant à l'entrée de l'allée du Tapis vert, et que Thomassin a gratifié de ce titre : *la Paix des Grecs*, voyant dans ce fils qui, par discrétion fait un mensonge à sa mère, la rencontre de Marc-Aurèle et de son jeune frère Lucius Verus.

En quittant ce bosquet, un des rares qui aient conservé leur physionomie, nous passons devant le *Jardin du Roi*, le bosquet le plus fleuri, le mieux entretenu de tout le parc ; le public y vient peu, surtout celui qu'attirent les choses d'autrefois, les amateurs de reconstitutions, mais pour ceux dont l'esprit vit plus dans le présent que dans le passé, c'est un jardin délicieux où l'on peut se reposer de la foule et de ses bruits, et lire tranquillement un livre sans être distrait que par le cri d'un petit oiseau qui s'envole ou le passage silencieux d'un émouchet. Le temps, qui change toutes choses, a bien modifié l'*Isle Royale*, depuis Louis XIV et Louis XV. Là où s'étend une verte pelouse entourée de massifs ombreux et épais, on voyait évoluer une escadre de petites barques dans une grande pièce d'eau au milieu de laquelle s'élevait une île minuscule. Cette pièce d'eau était séparée d'une autre qu'on appelle encore *le Miroir*, par une chaussée devenue aujourd'hui une belle allée. Autour de ces bassins circulaient constamment une foule de chaises roulantes fermées ou ouvertes, portant des dames et des seigneurs, peut-être aussi quelques modestes et bourgeoises *chaises-bleues*, des roulettes, des brouettes, des vinaigrettes, des chaises merveilleusement peintes et ornées. Mais toute cette file de véhicules s'arrêtait subitement dès qu'on voyait poindre seulement au bout de l'allée un fauteuil à roues, pourvu d'une sorte de barre de gouvernail à l'avant et sur laquelle posait parfois la main le personnage très entouré qu'elle portait. C'était le roi Louis XIV, qui s'avançait au milieu de ses courtisans.

Le costume du Roi variait peu ; il était toujours vêtu de couleur plus ou moins foncée, et, comme dit Dangeau, avec une légère broderie et un simple bouton d'or ; on lui voyait aussi une veste de drap ou de satin rouge, bleue ou verte, fort brodée. On ne lui voyait jamais de bagues ni de pierreries qu'à ses boucles de souliers ou de jarretières, son chapeau était toujours bordé de point d'Espagne avec un plumet blanc. Seul de la maison royale, il portait l'ordre du Saint-Esprit dessous l'habit, excepté les jours de mariages ou de grandes fêtes, où il le tenait par-dessus, avec huit ou dix millions de pierreries. Quant à son fauteuil à roulettes, décrit par Saint-Simon, et dans lequel il est représenté dans les tableaux et les estampes du temps, il n'avait aucun rapport avec les chaises à porteur ou à roues qui circulaient dans le parc. Ces dernières étaient fort luxueuses en général et très solidement confectionnées. Il faut le croire puisque la duchesse de Nemours allait, dit-on, tous les ans en chaise de Paris à Neufchâtel, avec une cinquantaine de porteurs qui se relayaient entre eux.

On a dit que le Jardin du Roi, dessiné sous Louis XVIII pour remplacer les restes de l'Ile royale qui avaient pris le nom d'*Ile d'amour*, était la reproduction du jardin qu'il possédait à Hartwel; cette légende est inexacte de tous points, et sa disposition ne rappelle pas plus celle du jardin de l'émigration que celle de l'île royale ; du passé, il ne reste plus que deux statues colossales : l'*Hercule Farnèse*, d'après l'antique, par Cornu, et *Flore* par Raon, reproduite également de l'antique.

Jetons un regard, avant de nous diriger

vers la *Colonnade*, sur le bassin de l'*Hiver*, œuvre assez médiocre de Girardon, sur celui de *l'Automne*, charmante composition de Marsy représentant Bacchus entouré de petits satyres qui jouent sur les feuilles et les raisins de la vendange. Admirons parmi les plus beaux termes de cette partie du parc, celui de *Circé* par Magnier, d'*Achéloüs* par Mazière, le vase de Jean Robert, *Vase aux instruments de musique*, dessiné par Mansart ; passons par la *Salle des Marronniers*, autrefois *salle des Antiques*, encore ornée de bustes anciens en fort mauvais état, et arrivons à l'entrée de l'*Allée du Tapis vert*, autrefois : *Allée Royale*, où encore *Point de vue*.

C'est à la persistance de Le Nôtre que l'on doit l'élargissement de cette avenue unique au monde, qui ouvre une perspective incomparable sur le grand canal, et qu'il planta de grands arbres venus de la forêt de Compiègne. De chaque côté, son entrée, gardée jadis par le *Milon de Crotone* et l'*Andromède* de Puget, est ornée de belles copies antiques : *Castor et Pollux* de Coyzevox, qui a signé son marbre, le *Laocoon*, par Tuby, et d'autres groupes, également d'après l'antique, comme : *Aria et Pætus*, *Papirius et sa Mère*. Quatorze statues et dix vases sont placés sur les bas côtés de l'avenue du Tapis vert, abrités, à leur grand dommage, par les rameaux des arbres qui la bordent. Parmi ces vases et ces statues se trouvent des morceaux de premier ordre. Nous ne signalerons que les *Vases aux tournesols*, l'un sculpté par Slodtz, à qui l'on doit le groupe d'*Ariste et Protée*, et l'autre par Legeret. Comme perfection d'exécution, comme science de l'ornementation et comme goût, il est difficile de trouver des morceaux mieux réussis ; l'ensemble et les détails, tout est à admirer dans ces vases qui nous montrent non seulement la fleur, mais l'esprit même de la fleur ; il n'est pas jusqu'à ces feuilles froissées qui ne trahissent une étude profonde de la nature; c'est là du réalisme et du bon.

Il est d'autres vases dignes d'être remarqués sur le parcours du Tapis vert, tels que ceux *aux lis*, que la Révolution a privés de leurs fleurs royales et qui, bien que n'étant plus ornés aujourd'hui que d'un treillis, sont encore d'un style très pur; nous ne nous occuperons que des statues, parmi lesquelles il faut mettre en première ligne : l'*Achille* de Vigier, une spirituelle composition qui présente à elle seule tout le charme sculptural, l'allure et l'élégance de la statuaire à la fin du XVIIe siècle. Le sculpteur l'a représenté sous des vêtements de femme, au moment où, involontairement, il se découvre à Ulysse, en saisissant une épée et en dédaignant les bijoux qui sortent à profusion d'un petit meuble à tiroirs. C'est bien là le résultat d'un art de convention, mais quelle charmante convention que celle qui

met en première ligne l'esprit et l'élégance!
Une intéressante statue à citer encore, c'est
celle de la *Didon* de Poultier, admirablement
drapée dans ses longues jupes, et faisant
penser à ces belles tragédiennes qui jouaient
les chefs-d'œuvre de Corneille et de Racine;
puis encore : la *Vénus de Richelieu*, très bonne
copie, par Le Gros, d'une statue antique.

Sur le côté droit du Tapis vert se trouve
un des plus beaux bosquets du parc, un
des rares que le temps et les gouvernements
aient respecté, celui de la *Colonnade*, construit par Mansart, dans un terrain où cou-
laient des sources et au centre duquel
s'élève, sur un piédestal, le chef-d'œuvre de
Girardon : l'*Enlèvement de Proserpine*. Le
Brun a, il est vrai, fourni le dessin de ce
groupe, mais il faut reconnaître qu'il n'était
donné qu'à un grand sculpteur de pouvoir
le traduire en relief, de créer des profils
harmonieux tout autour de cette composi-

tion dont le dessin ne pouvait indiquer qu'un seul côté. Le génie de Le Brun est incontestable et son œuvre immense le dit assez, mais la grandeur de son nom ne doit pas jeter d'ombre sur celui d'interprètes qui, comme Girardon, savaient conserver leur individualité tout en traduisant la pensée première d'un autre. Ajoutons que des protestations se sont déjà élevées au siècle dernier contre l'importance que des envieux feignaient de donner à ces collaborations et, parmi elles, celle de Grosley, membre de l'Académie des inscriptions, dont le père avait été ami intime de Girardon et qui a écrit, en 1742, un mémoire rectificatif assez curieux à ce sujet.

Autour de ce groupe s'élève un grand péristyle circulaire formé par trente-deux colonnes de marbre d'ordre ionique, dont huit en brèche violette, douze en marbre du Languedoc et douze en marbre bleu turquin. Ces colonnes sont reliées par des arcades en plein cintre. Dans les tympans triangulaires de ces arcades, des statuaires, parmi lesquels Coyzevox, Le Hongre, Lecomte, Mazière, Granier, ont exécuté de charmants bas-reliefs représentant des amours et des génies. Entre chacune des arcades sont placés trente et un bassins de marbre blanc desquels s'élèvent autant de jets d'eau. Il est inutile d'insister sur la beauté décorative de cet ensemble qui trouva pourtant un critique, ce fut Le Nôtre; il revenait d'Italie, et, questionné par Louis XIV sur la valeur décorative de la Colonnade, ne put, cédant à un petit mouvement de jalousie, s'empêcher de lui répondre :

— Eh bien, sire, que voulez-vous que je vous dise? d'un maçon vous avez fait un jardinier, il vous a donné un plat de son métier!

La Colonnade servit fréquemment aux collations de la Cour, comme l'atteste Dangeau, lequel fait mention d'un souper qui y fut offert aux flambeaux à Monseigneur et aux princesses, après une promenade sur le canal.

Le *Canal*, que nous trouvons après la grande pièce d'eau du *Char d'Apollon*, dont le groupe a été modelé par Tuby, présentait sous Louis XIV et Louis XV, un tout autre spectacle qu'aujourd'hui. Des gondoles, de petits navires même, y circulaient, soit pour la promenade de la Cour, soit pour le transport du Roi, des princes et des princesses à Trianon, ou à la Ménagerie, palais qui se trouvaient à chaque bout de la traverse qui fait une croix du grand canal. On y vit même des galiotes, des chaloupes admirablement ornées d'étoffes frangées d'or, portant des voiles dont les cordages étaient de soie rouge et aurore; les meilleurs constructeurs se mirent à l'œuvre, et des artistes, parmi lesquels on voit figurer Caffieri, furent chargés des sculptures de ces petits bâtiments, sur lesquels ramaient des matelots et des forçats. Quant aux gondoles, ceux qui les dirigeaient arrivaient en droite ligne de Venise; on leur donna d'élégants costumes, vestes de brocart cramoisi, or et argent, avec boutons et ornements en or, des jarretières de soie cramoisie, des bas de même couleur. Les mémoires du temps et les comptes des bâtiments en font de fréquentes mentions; le nom de Mazzagathy (gondoliers de père en fils depuis quatre-vingts ans), y revient sans cesse; on fait règlement sur règlement pour le service de cette flottille charmante et minuscule; nous lisons, dans un projet d'arrêté, ces lignes qui prouvent combien cette escadre, qui fait songer aux conceptions de Watteau, était prise au sérieux :

ART. III. — L'officier du canal aura le pouvoir de faire armer des bâtiments pour les princes et les seigneurs de la Cour qui lui en demanderont; à l'égard des autres personnes, il n'en armera pas sans ordres.

Art. IV. — Ne conviendrait-il pas, pour la décence du service, qu'après *le respect que l'on doit aux bâtiments affectés au sang royal*, on distingue pareillement ceux qui doivent servir aux princes et seigneurs de la Cour de ceux qui sont destinés pour des personnes de titres et de qualités moins élevés ?

Ces divertissements nautiques durent singulièrement augmenter les dépenses du parc de Versailles, car le Roi ayant voulu avoir un vaisseau sur le grand canal, fit fondre par les Keller trente-deux petits canons, modelés par Marsy, qui coûtèrent vingt mille cinq cent quatre-vingt-dix-neuf livres ; plus loin ou trouve dans les comptes : « Treize pièces de canon payées aux frères Keller, fondues et réparées pour le vaisseau du canal de Versailles. »

C'est surtout pendant les fêtes de nuit que le grand canal offrait un merveilleux spectacle ; tandis que des galiotes, des gondoles glissaient sur les eaux, on y voyait se refléter les illuminations organisées sur ses bords et composées de six cent cinquante termes lumineux, hauts de six pieds, placés à six toises l'un de l'autre. Les angles de la traverse du canal étincelaient des flots de lumière qui partaient de grands pavillons de trente pieds de long sur vingt-deux de haut; des palais féeriques, des balustrades ornées de fleurs de lis et des chiffres du Roi se dressaient sur les berges, et leur éclat disparaissait bientôt sous les gerbes de flammes multicolores qu'un merveilleux feu d'artifice lançait du bout de la pièce d'eau.

Ce n'était pas tout, l'hiver apportait aussi ses plaisirs et, sur des traîneaux dorés, on voyait glisser, enveloppées dans leurs fourrures, les princesses escortées par la fleur de la noblesse. Depuis les deux chevaux marins qui étaient placés à la tête du canal jusqu'à son extrémité, les fêtes n'arrêtaient pas de toute l'année, et il ne fallut pas moins que la Révolution pour faire disparaître toutes ces coquettes visions, pour faire taire tous ces éclats de rire. Aujourd'hui la solitude s'est faite autour de cette belle pièce d'eau, les margelles en sont ruinées et remplacées par des roseaux où coassent les grenouilles ; parfois le pas d'un garde-chasse fait envoler de ces bords marécageux une bergeronnette, un martin-pêcheur aux ailes bleues, mais tout rentre bientôt dans le silence accoutumé.

Il faut ajouter qu'outre les plaisirs que le grand canal offrait par lui-même, il était d'autant plus fréquenté qu'il présentait le chemin le plus court et le plus agréable pour aller à *Trianon* et à la *Ménagerie*.

La Ménagerie était construite au bout du bras gauche de la traverse du canal où se trouvait un vaste escalier dont on voit encore les ruines aujourd'hui; c'est là que s'opérait le débarquement de ceux qui avaient préféré les gondoles aux chaises ou aux carrosses;

mais la véritable entrée de la Ménagerie était entre ce bras du canal et la route de Saint-Cyr. Deux grilles conduisaient à cette charmante résidence, dont on voyait de loin le pavillon principal surmonté d'un dôme. Ce pavillon octogone, relié aux appartements par une galerie, dominait sept cours remplies d'oiseaux rares. Une magnifique volière, un jardin admirablement entretenu, des termes, des statues, en faisaient une sorte de diminutif du sévère château de Versailles.

Louis XIV avait fait reconstruire la Ménagerie qui datait du règne de Louis XIII, pour l'offrir à la duchesse de Bourgogne; il s'était plu à la parer de tableaux et d'objets d'art, ne trouvant jamais que les artistes fissent assez jeune, assez brillant, pour la femme de son petit-fils qu'il aimait à l'égal, au moins, de ses propres enfants. Homme de goût, il ne voulut pas que Mansart y apportât la majesté décorative qu'il exigeait pour ses propres palais; il ne souffrit pas qu'on y représentât des dieux, des héros, et on peut lire sur une des cheminées du château de Versailles, une note qu'il écrivit de sa propre main à ce sujet : « Il me paraît, dit-il, en parlant du projet qui lui a été soumis, qu'il y a quelque chose à changer, que les sujets sont trop sérieux et qu'il faut qu'il y ait de la jeunesse mêlée dans tout ce que l'on fera. Vous m'apporterez des dessins quand vous voudrez, ou du moins des pensées. Il faut de l'enfance répandue partout. »

Comme on le voit, Louis XIV avait un goût qui lui était propre et, quoi qu'on en ait dit, il faut l'associer pour la plus grande part aux merveilles d'art qui ont été faites sous son règne. Dès que la Ménagerie fut terminée, elle devint le but des promenades, des collations; la sévère Maintenon y venait pour le goûter, quittant ses filles de Saint-Cyr; quant à la duchesse de Bourgogne, on la voyait, devançant Marie-Antoinette à Trianon, faire construire une laiterie, traire les vaches et de ses mains d'Altesse battre un beurre qu'on servait sur la table du Roi et qu'il trouvait délicieux. On ne faisait néanmoins que passer les journées à la Ménagerie, mais on n'y couchait pas, et les mémoires assurent qu'on n'y plaça jamais de lit.

Après Louis XIV la Ménagerie fut moins fréquentée; sous Louis XVI elle était en partie abandonnée; le Roi pourtant y venait quelquefois et s'était attaché à une pauvre bête souffreteuse, un dromadaire, offert par un ambassadeur. Pour réchauffer son sang glacé par l'âge, on lui faisait avaler, par jour, six bouteilles de vin de Bourgogne, ce « lait des vieilles gens », comme disait Jean Le Houx. Malgré tant de soins, le dromadaire tomba en extrême faiblesse et s'endormit dans la mort, revoyant peut-être par le souvenir ses hauts palmiers et le sable aimé du désert; *dulces reminiscitur Argos!* eût dit un abbé du temps. Toujours est-il qu'il n'est pas si petite succession qui reste longtemps en déshérence, et que le concierge de la Ménagerie, qui regardait d'un œil d'envie les six bouteilles qu'on donnait chaque jour au défunt, écrivit au Roi pour lui demander la survivance du dromadaire. Lui fut-elle accordée? Le petit livre qui raconte l'historiette est resté muet à cet égard.

La Révolution vint troubler le calme de la Ménagerie qui vit disparaître ses collections d'oiseaux et de quadrupèdes, dont Bernardin de Saint-Pierre enrichit le Jardin des Plantes; les boiseries, les belles ferronneries furent dispersées et le petit palais de la duchesse de Bourgogne fut à peu près complètement démoli. De toute sa splendeur, il ne reste plus aujourd'hui que le soubassement du pavillon octogone, entièrement dégradé à l'extérieur; on y peut pénétrer encore, et, dans la cave qu'est devenue la grotte, retrouver même, sur les murs, un grand nombre des coquillages qui l'ornaient jadis. De grandes meules de blé, entassées autour de cette ruine, ne permettent que difficilement de la trouver; on voit aussi, à peu près intacts, les deux pavillons entre lesquels on avait planté le jardin de la duchesse de Bourgogne ; quant à la merveilleuse volière, elle a été rasée jusqu'au sol. M. Dussieux, le savant historiographe du palais, dit qu'au moment de la floraison des prés une plante à fleurs jaunes, qui se plaît sur les sous-sols pierreux, trace exactement le contour de la volière, d'une façon bien tranchée, au milieu des fleurs blanches et rouges qui couvrent le reste de la prairie. Mélancolique et doux hommage de la terre qui produit et force le souvenir, là où l'homme n'a semé que la ruine et l'oubli.

Rentrons dans le parc et, en traversant l'allée du Tapis vert, admirons, du bassin d'Apollon, la merveilleuse perpective qu'offre le palais, dont l'avant-corps et les immenses ailes se développent avec une majesté incomparable, sans que rien vienne interrompre la ligne de ses terrasses que l'élégante toiture de la chapelle. Ni le clocher qui la surmontait, ni les trophées qui se dressaient sur la balustrade n'existent présentement, et pourtant l'œil n'est pas impressionné par ces disparitions ; il semble que le palais ait toujours dû être ainsi, terminé par ces longues terrasses à l'italienne. On se préoccupe présentement de rendre à ce couronnement son aspect primitif ; il est curieux, en tout cas, de constater que, dès 1756, un grand architecte, Blondel, avait proposé de supprimer les trophées et les vases placés sur la balustrade de l'attique. « Je suis de cet avis, dit-il dans son Traité d'architecture française ; les trophées qui s'y remarquent paraissent trop lourds et pesants, et forment un contraste trop marqué avec l'élégance des vases qui sont distribués sur cette même balustrade. Ce bâtiment, censé couvert à l'italienne, doit annoncer une terrasse. D'ailleurs cette sculpture, et principalement ces trophées, quoique posés sur un plan différent, semblent accabler les statues posées sur les colonnes, surchargent l'attique et produisent un effet désagréable. »

Il faut croire cependant, malgré l'autorité de Blondel, que Levau, qui avait construit cette partie du château, à qui l'on doit ceux de Vaux et du Raincy, l'hôtel Lambert, l'hôtel de Pontchartrain, de Colbert, qui exhaussa le grand pavillon des Tuileries, ne manquait pas de goût, et que Mansart qui, après lui, remania la façade postérieure du château de Versailles, n'eût pas hésité à faire disparaître les trophées et les vases, s'il n'en eût pas reconnu l'utilité décorative.

Reprenons notre promenade et, en nous dirigeant vers la gauche, remarquons à côté des beaux groupes, un peu lourds cependant, d'*Ino et Melicerte,* par Garnier, de *Protée et Aristée,* par Slodtz, de grands termes : *Vertumne, Pomone,* par Le Hongre, *Flore* par Arcis et Mazière, et surtout : *Syrinx couronnée de roseaux,* un chef-d'œuvre d'élégance, signé Mazière. Laissant l'allée de la porte Saint-Antoine, du bout de laquelle on aperçoit la riante façade du petit Trianon, passons devant la *Petite Venise,* où sont encore quelques misérables restes de la gloire nautique du grand canal, et dirigeons-nous vers les bosquets qui forment tout le côté droit du parc.

Le géant *Encelade,* colosse de Marsy, se débat au milieu de son bassin, sous les rochers du mont Ossa, l'*Obélisque* lance ses cent jets d'eau jusqu'aux cimes des arbres qui l'environnent ; mais voici un des plus charmants bosquets (je parle surtout du passé) du parc de Versailles, c'est le bosquet des *Dômes,* en ruine aujourd'hui, fermé au public, et qui fut le bosquet de *la Renommée* et des *Bains d'Apollon.* On peut distinguer encore la base du bassin au milieu duquel s'élève une vasque posée sur un pied octogone, et la balustrade qui l'entoure ornée d'admirables bas-reliefs dont on a pris heureusement des moulages ; sur la droite et sur la gauche du bassin, on reconnaît aisément, aux restes des fondations, la place des deux pavillons, chefs-d'œuvre d'élégance et de bon goût, de Mansart, dans lesquels les princesses et le Roi venaient prendre des collations ou entendre la musique. Les *Chevaux d'Apollon* de Marsy et de Guérin, entourant le groupe principal de Girardon et de Regnaudin, apportés de la *Grotte de Téthys,* étaient placés au fond du bosquet et entourés de charmantes statues, dont quelques-unes bien mutilées, se voient encore aujourd'hui dans le bosquet de l'Arc-de Triomphe

Il faut, hélas! parler surtout du passé quand on veut dépeindre cette partie du parc; car, là où s'étalaient les magnificences hydrauliques du *Théâtre d'eau,* on ne voit plus maintenant qu'un grand rond-point de gazon; seul, un bassin, qu'on appelle le *bassin des Enfants,* a survécu à tous les bouleversements apportés par Hubert Robert; on ignore le nom de l'auteur du charmant groupe qui est placé au centre de cette petite pièce d'eau, et qui pourrait être attribué à Girardon ou à Le Lorrain; mêmes regrets en passant devant les bosquets fermés de l'*Étoile* et des *Trois-Fontaines,* qui n'offrent pas même une ruine à la curiosité des chercheurs. Là, pourtant, furent données de splendides fêtes, de merveilleuses collations; dans le bosquet de *l'Étoile,* par exemple, tout décoré de vases de porcelaine et de sculptures, on avait dressé une sorte de buffet formé par vingt-six arcades de cyprès. Sous chacune d'elles, on voyait de grands vases remplis de divers arbres chargés de beaux fruits. On passait dans une allée bordée d'orangers de Portugal, puis, dans une autre, on trouvait des bigarotiers et des cerisiers; dans une autre encore, des abricotiers et des pêchers, des poiriers, etc. Quant au bassin de *Cérès*, charmante composition de Regnaudin qu'on voit encore aujourd'hui, il fut disposé un jour par Levau en une salle de bal merveilleuse, faite de décors de verdure et ornée aussi de peintures et de sculptures.

Les deux quinconces, jadis bosquets de *la Girandole* et du *Dauphin* (ce dernier ainsi nommé par Louis XIII en souvenir de la naissance de Louis XIV), n'ont plus même les bassins qui les ornaient; quelques termes, fort médiocrement exécutés d'après les dessins du Poussin, peut-être par des artistes italiens, peut-être même par Thibaut Poissant (à part *l'Hiver* et la *Cérès* de Théodon), jadis placés au château de Vaux, ornent ces solitudes qui n'ont de véritablement remarquable que deux superbes vases de Jean Robert, connus sous le nom de *Vases aux instruments de musique*, et dont nous avons parlé plus haut. Avant d'entrer dans le bosquet des *Bains d'Apollon*, il faut, parmi les termes qui l'environnent, remarquer une *Cérès* de Pouletier, digne pendant de la *Syrinx* de Mazière. A l'entrée de ce jardin, au bas du fer à cheval de Latone, se trouve un chef-d'œuvre de Coyzevox, une copie de la *Nymphe à la coquille*.

Dans cette traduction de l'antiquité, Coyzevox a mélangé deux siècles d'art, celui de Louis XIV et celui des Grecs; c'est avec un sentiment d'admiration indicible qu'on regarde cette délicieuse statue; toute la pureté de l'art antique se développe dans les lignes de ses silhouettes, toute la science des maîtres grecs tient dans ces modelés d'une finesse inconcevable.

L'original de Coyzevox a été transporté au Louvre et remplacé par une très bonne copie.

Entrons enfin dans les fraîcheurs de ces *Bains d'Apollon*, où Hubert Robert a jeté d'énormes blocs de rochers, dans lesquels il a taillé une sorte de temple pour le dieu de la lumière que la flatterie des courtisans avait fait frère du Roi-Soleil. En homme de goût qu'il était, il débarrassa ces beaux groupes de marbre d'horribles baldaquins chinois qu'on avait construits pour les protéger, puis, à la place où s'élevait un pavillon construit sous Louis XV pour le Dauphin, entre les statues du Roi et de Marie Leczinska, par Nicolas et Guillaume Coustou, il fit s'étendre une large pelouse d'où le spectateur peut, d'un coup d'œil, embrasser l'ensemble de la décoration.

Mais ces embellissements marquent une date fatale pour le parc de Louis XIV et de Louis XV, car ils ne furent obtenus que par la destruction totale des bosquets et l'abatage de tous les arbres ; ainsi rasé, le parc, qui ne donnait plus d'ombrage, fut abandonné par la jeune Reine, Marie-Antoinette, qui s'en éloigna pour se fixer au petit Trianon. De ces bouleversements auxquels il présida, Hubert Robert a tiré deux très curieux tableaux que l'on peut voir dans les attiques du château.

En sortant de ce bosquet, le plus recherché par les visiteurs, on entre, par une ombreuse allée, dans le parterre du Nord, bordé de nombreuses statues et de trois bassins dont l'un, la *Pyramide,* est l'œuvre de Girardon ; auprès d'elle se trouve une des plus belles statues de ce maître : *l'Hiver,* qui fut exécutée d'après un dessin de Le Brun, celle du *Poème héroïque* de Drouilly et celle de *l'Europe* par Mazeline, la première placée en bas du parterre, au coin de l'allée qui longe le palais, la seconde en haut de ce parterre à côté du *Cabinet de Diane.* Sans insister davantage sur l'authenticité du récit d'un contemporain, répétons que les deux statuaires s'entendirent, dit-on, pour représenter, l'un, Louis XIV, l'autre, madame de Montespan sous les traits de leurs personnages. Tous deux se souriaient de loin en se regardant ; mais le temps a passé et des rangées d'ifs exagérément grandis, arrêtent cruellement de leur feuillage et ces regards attristés et ces mélancoliques sourires de marbre.

On a longtemps cru que les révolutionnaires venus le 5 octobre pour forcer les portes du château n'avaient pas pénétré dans le parc; c'était une erreur, et les bosquets, outre des mutilations d'œuvres d'art, virent alors de véritables chasses à l'homme ; une lettre du chevalier Delisle, à Mounier, nous donne au contraire d'émouvants détails sur ce qui se passa hors du château pendant cette terrible journée. Le chevalier Delisle, garde du corps dans la compagnie Villeroy, raconte qu'étant de service à la Place d'armes il vit arriver, dans un nuage de poussière, toutes les femmes de Paris. Il entendit les cris, les menaces, vit entrer les insurgés, et assista à des meurtres dont il donne le détail; cherchant à se soustraire aux dangers auxquels l'exposait son uniforme, il voulut entrer dans le palais, mais il ne put gagner le grand escalier, repoussé qu'il était par la foule; près des vestibules il assiste à de nouveaux meurtres et, par un bonheur invraisemblable, parvient à gagner les terrasses du Nord. Aussitôt il se dirige vers Trianon, par les rampes du Tapis vert; à peine arrivé près des bosquets, il entend des pas et voit débusquer une soixantaine de « ces brigands »; aussitôt il franchit une palissade et continue sa route, caché par les taillis. Mais il est bientôt cerné et pris. Tout d'abord on veut l'exécuter, puis on change d'avis, on se dirige vers le château; on se ravise, on veut l'accrocher à un arbre; on discute, tout en marchant, pour décider si l'on doit le fusiller ou le pendre; il en est de plus pressés qui proposent de le tuer à coups de baïonnette. Enfin, tout en vociférant, en se disputant, on arrive au bassin de Latone; la majorité déclare que c'est là qu'il faut en finir; nouvelles discussions; on revient au château, on veut traverser une foule immense; le peloton est désuni, dispersé et, profitant du tumulte, le pauvre chevalier Delisle parvient à s'enfuir. Tous ne furent pas aussi heureux que lui, et les marches de marbre chantées par Alfred de Musset rougirent d'une bien autre couleur que de celle des roses.

Descendons l'*Avenue des Marmousets*, l'*Avenue des Enfants*, comme l'appelait Louis XIV, entrons dans le bosquet de l'*Arc-de-Triomphe* et admirons-y des œuvres exquises, épaves de la grotte de Téthys et du bosquet des Dômes. Sans pouvoir lui rendre sa décoration primitive, ses pyramides, ses beaux groupes, l'administration a su faire du bosquet de l'Arc-de-Triomphe une sorte de musée d'objets qui, depuis longtemps, étaient abandonnés dans ses magasins. On y retrouve l'*Ésope* et l'*Amour* de l'ancien Labyrinthe ; la *France triomphante*, beau groupe de plomb, jadis doré, modelé par Coyzevox, Tuby et Prou ; un *Méléagre* de Coustou, venu de Marly ; *le Point du Jour* de Le Gros, *Ino* de Raon, puis deux exquis spécimens de l'art de la fin du xviie siècle, la *Galatée* de Tuby, qui, avec *Acis*, du même sculpteur (aujourd'hui relégué dans les caves du château), ornait la grotte de Téthys, et le *Printemps* de Magnier, un chef-d'œuvre de grâce et de légèreté ; ces cinq dernières statues avaient aussi décoré le bosquet des Dômes.

En sortant de ce véritable musée en plein air, nous arrivons devant la plus belle et la plus importante pièce d'eau du parc de Versailles, devant le *Bassin de Neptune.* C'est le chef-d'œuvre de l'art décoratif hydraulique, et tous ceux qui y ont apporté leur travail doivent être loués, depuis Le Nôtre, qui le dessina, jusqu'aux sculpteurs qui l'ont orné, jusqu'aux ingénieurs qui y ont amené et distribué les eaux. C'est au fond de l'amphithéâtre de verdure qu'il faut se placer pour admirer le merveilleux développement de ce bassin, derrière lequel monte l'allée des Marmousets; plus loin s'élève la Pyramide de Girardon, placée au dessus de son chef-d'œuvre, le bas-relief des *Bains de Diane*, et, dans la perspective, se détache le profil grandiose de la façade du château. Un tableau de Cotelle et une gouache de Portail nous montrent le bassin de Neptune dans toute sa nouveauté; sur la gouache, les groupes de plomb sont dorés, mais c'est par suite d'une erreur de l'artiste qui croyait ne faire que devancer l'exécution d'un projet qui n'a certainement jamais été réalisé ; tous les groupes de plomb, statues, vases, etc., du parc de Versailles étaient dorés sous Louis XIV ; cette mode passa sous Louis XV, par goût, peut-être aussi par économie. L'œuvre charmante de Portail n'en est pas moins de haut intérêt ; elle nous montre des seigneurs et des dames de la Cour, des enfants pêchant dans le bassin et un carrosse attelé de huit chevaux, montant l'allée qui conduit au château. Une autre peinture, celle-là de Martin, et datée de 1688, reproduit une vue de la pièce d'eau, ornée seulement de vases et de quelques jets qui devaient donner un effet bien maigre, comparé à celui que présenta plus tard le bassin de Neptune avec son beau groupe central d'Adam et ceux de Lemoine et de Bouchardon.

Vingt-huit vases de plomb d'une élégante

fantaisie, œuvres de Hardy et d'autres habiles sculpteurs, sont posés sur la tablette de cent soixante mètres de longueur qui limite le fond de la pièce d'eau. Entre chacun de ces vases est placé un jet d'eau; six grosses gerbes jaillissent de la partie antérieure du bassin, sur un fond de vingt-deux nappes d'eau tombant en cascades. Rien ne peut donner une idée du spectacle des grandes eaux du bassin de Neptune. C'est un véritable enchantement que l'ensemble de ces jaillissements, que les caprices de ces blanches écumes, que l'impétuosité de ces jets qui montent vers le ciel et retombent en poussière d'arc-en-ciel. L'effet devient véritablement magique quand on voit à ces torrents, à ces cierges, à ces aigrettes d'eau, se joindre le bouillonnement des quatorze groupes de l'Allée d'eau, devant laquelle jaillit le Dragon et dont le sommet est couronné par le bassin à cascades de la Pyramide. Le mouvement, la vie de l'eau, sa fraîcheur, ses mille bruits, tout vient à la fois captiver et étonner, et rien n'est comparable à la beauté de la furie et de la violence de ces éruptions que le spectacle de leur apaisement. Peu à peu, les gerbes, les jets diminuent de violence et de bruit, puis tout cesse, les surfaces reprennent leur niveau ; plus rien ne vient en rider le miroir que le saut brusque d'une carpe, ou le glissement silencieux des araignées d'eau.

Je n'ai point parlé de la charmante allée qui part de Neptune et qui conduit au *Bain des Jambettes*. Finissons, à propos de ce nom, par un acte de justice réparative. Jean Bette fut un des grands ouvriers du parc de Versailles, un brave Flamand qui posa les glaises au fond de tous les bassins; appelé d'abord Gimbettes, il est devenu Jambettes aujourd'hui ; n'exagérons pas ses mérites, mais rendons-lui du moins son nom.

Autour du bassin de Neptune, on a posé plusieurs statues; l'œuvre principale est le groupe de Guidi, qui remplaça le fameux *Louis XIV*, du cavalier Bernin, devenu *Marcus Curtius*, sous le ciseau de Girardon.

Bien d'autres choses seraient à dire sur ces jardins de Versailles, dont les arbres, comme ceux des Champs élysées païens, ont vu passer tant d'ombres, tant de jours charmants, glorieux, tristes ou terribles, dont les échos ont été remplis du bruit de nos victoires, des bruissements des jupes de soie, des causeries des courtisans, des éclats de rire de la duchesse de Bourgogne, des confidences de Nanon à madame de Maintenon, des jurons de Jean Bart, des fêtes des Montespan, des La Vallière, des Pompadour, des Vintimille, des Mailly, des imprudentes joies de Marie-Antoinette, des cris des Suisses assassinés, et des hurrahs des soldats qui, le verre en main, venaient de sacrer l'empereur d'Allemagne! Que de choses, sans compter les chants de nos poètes, de La Fontaine, de Corneille, de Loret, de madame Deshoulières, de l'abbé Tallemant, de Voltaire, de Bernis, de Lebrun, de Delille, d'André Chénier, de Victor Hugo et de Musset.

Si beau, si grandiose que soit l'ensemble du parc aujourd'hui, un de ses plus grands charmes, il faut bien le dire, est de forcer l'esprit à remonter vers le passé. Involontairement, dès qu'on a mis le pied dans ces grandes allées, le plus souvent solitaires, on croit voir errer successivement l'escorte sévère de Louis XIII, la Cour majestueuse de Louis XIV, galante de Louis XV et philosophique de Louis XVI; à partir de ce règne, par exemple, un fossé, ou plutôt un abîme se creuse entre le passé et nous; c'est la Révolution qui a marqué la fin d'un spectacle sans pareil, lequel a duré depuis 1624 jusqu'à 1789, et dont tout a disparu dans le temps : auteurs, acteurs, spectateurs et comparses.

Pourtant le Versailles d'aujourd'hui est encore incomparable de grandeur et de majesté, de trésors et de raffinements d'art, mais il vit et vivra toujours surtout par la légende, par le magique prestige de ce siècle qui a précédé le nôtre, par cet étonnant xviiie siècle qui contint les splendeurs et les gloires du règne de Louis XIV, les incomparables élégances de celui de Louis XV, et ce terrible 93 qui, malgré son horreur, passe aussi dans l'histoire avec une sinistre grandeur.

UNE VISITE
AU CHATEAU DE MAINTENON

Sans le caprice de Jean Cottereau, disait un jour Michelet, jamais la veuve de ce pauvre Scarron ne fût devenue marquise de Maintenon ! » Et de fait, il est peu vraisemblable que Louis XIV eût été choisir le nom d'un petit village au bord de l'Eure pour le donner à celle qui devait devenir une demi-reine, si le célèbre trésorier des rois Louis XI, Charles VIII, Louis XII et François Ier n'avait eu l'idée d'y faire construire un élégant château, dont le temps a respecté les tours imposantes, les clochetons, les tourelles pointues et les pittoresques silhouettes. Ajoutons que, ainsi placé entre les deux collines de Maintenon, ce remarquable spécimen de l'art du xve siècle ne serait aujourd'hui qu'une délicieuse résidence seigneuriale, si un autre caprice, un caprice royal, n'en avait fait don à la veuve du pauvre Scarron qu'un hasard singulier condamnait pour le reste de sa vie aux douleurs les plus cruelles, juste en cette année 1638 où naissait le roi Louis XIV. Avec une rare délicatesse de cœur, ce descendant de Villon et de Marot, ce frondeur, ce « malade de la Reine à titre d'office », voyant entrer chez lui la petite Françoise d'Aubigné, tout en larmes parce que sa robe était trop courte, et voulant la soustraire à la misère qui pesait sur elle, lui offrit d'abord de la faire entrer au couvent, puis ensuite de l'épouser ; la jeune fille sourit de cette « licence poétique », comme Scarron qualifiait sa demande, et le contrat fut dressé. Il lui reconnut quatre louis de rente, deux grands yeux fort mutins, une paire de belles mains, un très beau corsage et beaucoup d'esprit. Cette petite fortune lui resta à son veuvage, et produisit des intérêts bien imprévus et que l'histoire a enregistrés. Loret lui-même constate d'ailleurs dans son Journal, en annonçant la mort de Scarron, que sa veuve était loin d'être la première venue :

> Il ne laissa ni fils ni fille
> Mais bien une aimable Moitié,
> Digne tout à fait d'amitié
> Étant jeune, charmante et belle
> Et mesmes fort spirituelle.
> . . . .
> Et je crois que leur mariage
> S'entretenait par les accords
> Bien mieux de l'Esprit que du corps.

Mais revenons à ce merveilleux château que nous n'avons fait qu'entrevoir, et que la célébrité du nom qu'il porte ne nous doit pas faire oublier. Mestenes, Mestenon et aujourd'hui Maintenon, n'était guère qu'un petit hameau perdu dans cette riante vallée, lorsque Jean Cottereau le fit construire au xve siècle avec ses belles tours, ses magnifiques façades, une chapelle intérieure et une chapelle collégiale ; le tout est parfaitement conservé et fait encore l'admiration des visiteurs. Je signalerai, dès à présent, comme œuvres de premier ordre, les vitraux de la chapelle intérieure et de la petite sacristie y attenante ; la plupart sont peints en camaïeu et d'un grand intérêt pour l'art et l'histoire de l'art ; dans les détails d'architecture, dans les armes, les ornements, on voit poindre les élégances de la Renaissance et la recherche de l'antiquité qui en est la marque. Rien de plus charmant qu'une Madeleine drapée dans son vêtement d'étoffe d'or, une Vierge émue comme celle de Matsys, un Christ au visage plein de grandeur et de douleur résignée ; plus loin, c'est le tableau naïf de la trahison de Judas, nous montrant le Christ tenant encore dans sa main l'oreille coupée de Malchus; la tête de Judas au regard louche, à la bouche tordue, la Vierge pâmée dans ses angoisses, sont d'un effet inoubliable et suffiraient pour faire classer ces vitraux parmi les œuvres les plus intéressantes que nous a léguées le xve siècle. Par un hasard bien rare, les années et les révolutions ont respecté ces beaux morceaux, qui ont conservé leurs vigoureuses et transparentes colorations.

Sur les murs de la chapelle sont restées les boiseries dans les dessins desquelles courent et se tordent les lézards et les salamandres qui figurent dans les armes de Jean Cottereau. Ces ornements se retrouvent sculptés sur les deux tourelles en encorbellement qui sont placées de chaque côté de la porte d'entrée, autrefois protégée par un pont-levis. C'est dans cette chapelle, contenue dans une demi-tourelle qui avance et repose sur une petite arche sous laquelle passe un cours d'eau, que le roi Charles X, fuyant Paris révolté, vint entendre la messe avant de partir pour la terre d'exil; c'est en sortant qu'il rencontra sur son chemin un grenadier les larmes aux yeux, lui disant : « Sire, j'ai voulu vous voir une dernière fois ! »

Une légende a voulu que ce fût dans cet oratoire que le roi Louis XIV ait épousé celle qu'il appelait : *Votre Solidité*, que Saint-Simon surnommait : *vivante énigme*, et madame de Sévigné, comme Ninon de Lenclos : *Madame de Maintenant*. Il n'en est rien, et cette erreur peut entrer dans un recueil qui devrait s'appeler la fausse histoire de France, laquelle exigerait un nombre de volumes bien plus considérable que la vraie. C'est, on le sait maintenant, à Versailles que l'Église scella l'union du roi de France avec cette femme qui eut une destinée sans seconde ; née dans une prison, d'un homme enfermé pour crime de trahison ou de fausse monnaie, que son père appelait un « fâcheux détail de famille », elle recevait, étant enfant, des soupes d'indigents à La Rochelle, gardait, chez madame de Neuillant, les dindons une gaule à la main et un panier au bras, avec défense d'y toucher avant d'avoir appris par cœur cinq quatrains de Pibrac ; elle commençait ainsi, comme elle l'a écrit, son règne en commandant à une basse-cour ; et pourtant, arrivée à l'apogée de sa vie, femme du plus grand roi de son temps, elle déclarait ne pas trouver son lit meilleur que son berceau. Quel sermon, quels traités de philosophie en diront jamais autant que ces quelques mots sur la vanité des grandeurs humaines ?

Probablement lassé d'entendre appeler « madame Scarron » celle qui avait élevé avec tant de soin ses enfants nés de madame de Montespan, le Roi voulut un jour lui donner un titre qui la relevât aux yeux des courtisans ; certes l'habileté de conduite de

Françoise d'Aubigné qui, comme elle le disait à madame de Frontenac, avait le talent de savoir renvoyer le monarque amoureux « toujours affligé, mais jamais désespéré », contribua beaucoup à son élévation, mais Louis XIV était tombé sous le charme magnétique que toute sa vie madame de Maintenon imposa autour de sa personne. Il est certain, dit très justement le duc de Noailles dans sa belle étude sur la marquise, qu' « une personne qui peut également séduire Scarron et Louis XIV, Ninon de Lenclos et des religieuses, madame de Sévigné et madame de Montespan, des enfants, des prélats, devait avoir un attrait singulier auquel il était difficile de se soustraire quand on l'approchait ». Madame de Sévigné explique son ascendant sur le Roi non seulement par l'habileté d'une conduite irréprochable, mais parce que la nouvelle favorite lui avait fait connaître un pays tout nouveau, c'est-à-dire le commerce de l'amitié et de la conversation sans chicane et sans contrainte. Quelle résistance pouvait d'ailleurs faire Louis XIV à son cœur, quand la Reine, si timide qu'elle se laissait pousser par elle chez son époux, disait de madame de Maintenon : « Dieu l'a suscitée pour me rendre le cœur du Roi ». Il n'en fallut pas davantage pour que le bruit courût à la mort de la pauvre Marie-Thérèse qu'elle avait glissé son anneau au doigt de madame de Maintenon!

La surprise de la Cour ne fut donc pas grande lorsqu'elle apprit, en 1674, que le Roi venait d'acheter le château de Villeray, pour le donner à la veuve de Scarron; de plus, le nom de Maintenon lui paraissant bien sonnant, il érigea le domaine en marquisat, sans se soucier des seigneurs qui y avaient pris avant leur titre de noblesse; il se plut à oublier la singulière marquise de Maintenon, dont parle Tallemant des Réaux; une autre, qui ne mourut qu'en 1702, tout aussi bien que Louis d'Angennes, baron de Meslay, seigneur de La Moutonnière, qui fut ambassadeur en Égypte, marquis de Maintenon, bailli et capitaine de la ville de Chartres; la nouvelle marquise fut saluée respectueusement par tous, et une signature lui valut toute une légion d'ancêtres, excepté pour Saint-Simon, qui, bien qu'en s'inclinant comme tout le monde, protesta, enfermé chez lui, dans un de ces accès de bile à qui nous devons de si belles pages. A propos du grand écrivain et de ses jugements, je ne puis m'empêcher de reproduire un crayon si juste, tracé par le duc de Noailles dans le livre dont j'ai parlé plus haut :

« Saint-Simon, dit-il, ne rédigea ses Mémoires que dans sa vieillesse, longtemps après les événements, retiré dans sa terre de la Ferté, joignant à son aigreur naturelle celle de l'âge et de la solitude, et aidé seulement de ses nombreuses notes, de ses souvenirs et de sa méchanceté. »

Si intéressant, au point de vue de l'art, que fût le château de madame de Maintenon, il fallut l'accommoder aux goûts du souverain, aux nécessités d'une grande situation qui l'obligeaient à recevoir dignement les grands avec lesquels un prodigieux caprice de la fortune l'avait mise sur un pied de quasi égalité. Quand madame de Maintenon vint visiter son nouveau domaine, elle trouva le tout en fort mauvais état; les dépendances en étaient médiocres; il n'existait ni parc, ni même de grand jardin ; elle fit alors commencer de légères améliorations générales. Quant au château même, on se contenta d'y apporter quelques modifications intérieures et de construire l'une des deux ailes mentionnée, dit le duc de Noailles, dans les *Mémoires* du marquis de Sourches; le rez-de-chaussée forma, dans la première cour, des remises et des écuries, et le premier étage une longue galerie, qui conduit à l'église collégiale, dépendant du château ; cette aile, d'une extrême simplicité, discordant même avec les élégances de la construction principale, fut bâtie de grès et de brique, sans le moindre ornement ; la marquise ne voulut rien de plus ; c'est dans cette galerie que se trouve réunie une très intéressante collection d'environ quarante portraits historiques de la maison de Noailles depuis les croisades.

Il fallut aussi organiser des appartements pour le Roi, une chambre à coucher, une salle des gardes ; dès lors, cette résidence, qui devait être une sorte de retraite pour madame de Maintenon, devint comme un diminutif de Marly ; elle y reçut non seulement ses amis, mais les enfants de Louis XIV, madame de Montespan, qui y donna le jour à mademoiselle de Blois, depuis duchesse d'Orléans, le duc du Maine, « son cœur, son âme et son oracle », comme le qualifia Saint-Simon, madame de Thiange et les autres princes qu'elle élevait ; la Reine elle-même y vint, dit-on, plusieurs fois ; c'est assez dire que les courtisans durent l'assiéger ; ce fut à ce point que le Roi, que suivait partout son amour de la construction, y appela Mansart, voulant faire bâtir deux ailes monumentales pour les commodités de la Cour, quand il désirerait y revenir. On voit, rien que d'après ces projets, que l'élévation de madame de Maintenon ne fut pas précisément pour elle une retraite, comme l'écrivit plus tard Voltaire. Ajoutons que Louis XIV, qui faisait peu cas du goût des autres, subordonnait toutes choses au sien, oubliant, dans un égoïsme inconscient, que ce qui lui convenait pouvait bien ne pas convenir à tout le monde, et notamment à madame de Maintenon. Aussi écrivait-elle : « ... Il n'y a rien qui incommode le Roi en jugeant d'autrui par lui-même; il loge les puissances qu'il honore de ses visites comme il se loge lui-même. »

Madame de Maintenon voulut pourtant avoir dans son château un petit appartement à sa guise, à peu près comme celui qu'elle s'était fait accommoder à Marly, lequel avait une fenêtre sur la chapelle. La chambre à coucher et un cabinet de travail y attenant prouvent encore aujourd'hui aux visiteurs que, cette fois, elle ne sacrifia pas son goût à celui du maître tout-puissant; ce sont là de ces petites révoltes intimes qui ont le double avantage de calmer les opprimés, sans irriter les oppresseurs.

Quant aux embellissements du parc, ils se bornèrent d'abord à la construction d'un parterre et d'un grand canal, creusé en face du château, et bordé de deux grandes allées, dont l'une a pris le nom d'allée

Racine. La légende veut, en effet, que ce soit à Maintenon que le grand poète ait écrit *Esther* et *Athalie* ; rien, d'ailleurs, ne vient à l'appui de cette tradition, et il est très admissible que Racine n'eût pas, à Maintenon, pu trouver l'isolement nécessaire à l'élucubration de ses deux chefs-d'œuvre. Il est vraisemblable qu'il s'y soit entretenu de ses tragédies avec madame de Maintenon, mais il n'existe de trace de son passage au château que dans ces deux lettres précieusement recueillies ; voici la première, celle qu'il écrivit à son ami Boileau :

Paris, 25 juillet 1687.

« Je me suis laissé débauché par M. Félix pour aller demain avec le Roi à Maintenon : c'est un voyage de quatre jours. M. de Termes nous mène dans son carrosse, et j'ai aussi débauché M. Hessein pour faire le quatrième. »

Voici la seconde lettre, adressée à madame de Maintenon :

Paris, 3.... 1688.

« Mon *Esther* est maintenant terminée, et j'en ai revu l'ensemble d'après vos conseils... Le tour que j'ai choisi pour la forme du prologue est conforme aux observations du Roi... Pour moi, madame, je ne regarderai l'*Esther* comme entièrement achevée que lorsque j'aurai eu votre sentiment définitif et votre critique. »

Pour avoir été l'hôte de madame de Maintenon, s'être conformé à tous ses désirs, le pauvre Racine n'en vit pas moins son théâtre banni de Saint-Cyr où venait de se réveiller sa gloire, car après qu'on y eut joué *Andromaque* dans la perfection, il reçut ce compliment de la sévère fondatrice : « Nos petites filles ont joué hier *Andromaque*, et l'ont jouée si bien, qu'elles ne joueront plus aucune de vos pièces. » Si peu qu'on devine la susceptibilité d'un auteur dramatique, on comprend combien il fut difficile au poète de se relever d'un pareil coup.

Revenons à l'avenue Racine tracée par Le Nôtre, comme le parterre et le reste du parc, et contemplons, par une des colossales arcades de l'aqueduc un charmant tableau; c'est au bout du canal formé par l'Eure, entre les deux grandes allées qui le bordent, la façade intérieure du château se développant dans le lointain avec ses toits pointus ou fleuronnés, ses hautes cheminées, sa tour carrée, ses tourelles de pierre, sa tour de brique, ses élégants arceaux, ses délicates fenêtres, son balcon de pierre ajouré, ses hourds, ses mâchicoulis, reflétant toutes ses élégances dans les eaux vives de l'Eure et de la Voise. Un réseau de petits cours d'eau, traversés de trente ponts, serpentant à travers les pelouses, sous les arbres séculaires, le vieux pont du villlage, qui traverse une de ces rivières sur laquelle se penchent de vieux arbres chargés d'épais feuillages, complètent un coup d'œil vraiment magique, et impriment dans la mémoire un souvenir ineffaçable.

De l'observatoire où nous venons de le placer, le visiteur, quand il a fait quelques pas pour s'éloigner de l'arcade qui lui a servi de cadre, a devant lui un tableau d'un tout autre genre et non moins impressionnant ; le charmant fait place au grandiose ; c'est un travail gigantesque tel qu'en ont laissé les Romains, une œuvre babylonienne, un monstrueux aqueduc, l'aqueduc de Maintenon qui, des quarante-sept arches qui lui restent, quarante-sept enjambées de Titans, semble essayer encore de réunir les deux collines qui bordent la vallée de l'Eure. Rien ne saurait rendre l'impression qu'éprouve celui qui passe sous ces arches dont quelques-unes ne mesurent pas moins de vingt-cinq mètres de hauteur et devaient supporter encore deux rangs d'arcades superposées. Là, Louis XIV put se livrer encore à ce plaisir superbe, que lui reproche Saint-Simon, de forcer la nature, plaisir que rien ne put émousser et qui servit à défrayer ceux qui ont pris à tâche de dénigrer l'homme qui, quoi qu'on en dise, a justement donné son nom à son siècle. Beaucoup, en présence de cet immense travail arrêté dans son élan, n'en ont pas compris ou n'en ont pas voulu comprendre l'utilité, et l'on peut constater, aux projets de dérivation qui se sont succédé pour amener aujourd'hui de nouvelles eaux à Paris, de quelles ressources eussent été celles de l'Eure si Louis XIV avait pu les faire venir à Versailles. Saint-Simon n'a voulu voir dans ce projet avorté qu'un caprice de plus à l'actif du du grand Roi.

« Qui pourra dire l'or et les hommes

que la tentative obstinée en coûta pendant plusieurs années, jusque-là qu'il fut défendu sous les plus grandes peines, dans le camp qu'on y avait établi et qu'on y tint très longtemps, d'y parler des malades, surtout des morts que ce rude travail et plus encore l'exhalaison de tant de terres remuées tuaient! Combien d'autres furent des années à se rétablir de cette contagion! Combien d'autres n'en ont pu reprendre leur santé pendant le reste de leur vie! Et toutefois non seulement les officiers particuliers, mais les colonels, les brigadiers et ce qu'on y employa d'officiers généraux n'avaient pas, quels qu'ils fussent, la liberté de s'en absenter un quart d'heure ni de manquer eux-mêmes un quart d'heure de service sur les travaux. La guerre enfin les interrompit en 1688, sans qu'ils aient été repris depuis, et il n'en est resté que d'informes monuments qui éterniseront cette cruelle folie! »

Trente ou trente-cinq mille hommes employés à des travaux inutiles, huit millions six cent douze mille neuf cent quatre-vingt-quinze livres (quarante millions) dépensés en pure perte ne sont pas, il est vrai, des arguments faits pour décourager ceux qui cherchent noise à Louis XIV sur ses prodigalités ; nous verrons d'ailleurs plus loin la foi qu'on doit ajouter à ces chiffres ; ce ne fut pas Saint-Simon seulement, dans ses Mémoires, tenus longtemps secrets, qui s'éleva contre cette entreprise dont le plus grand tort fut de n'être pas conduite jusqu'à l'achèvement ; dans un ouvrage quasi officiel, dédié à Louis XV, un architecte lançait, au milieu de ses coups d'encensoir, cette sévère critique ; « Le but de transport de ces eaux, qui ne se pouvait faire qu'à grands frais, n'était pourtant que d'orner, embellir et animer la triste pièce des Suisses par une grande et immense cascade. » Patte, celui qui a écrit ces lignes, savait comme tout le monde que le but de Louis XIV était d'alimenter les plateaux de Versailles, Saint-Germain, Marly et non pas la pièce d'eau des Suisses, mais en faisant cette critique, l'architecte en question ne faisait qu'obéir à la mode qui n'était plus de s'incliner devant le Roi-Soleil, mais de démontrer à Louis XV que le plus grand roi du monde pouvait bien ne plus être Louis XIV. Aussi comment s'étonner d'avoir vu plus tard des écrivains, dont beaucoup sans crédit d'ailleurs, avancer que ces immenses aqueducs avaient été construits uniquement « pour embellir le parc de madame de Maintenon » et que leurs majestueuses ruines sont maussades, ennuient et attristent l'œil.

Examinons maintenant, et sans parti pris, ce que fut ce grand projet et ce qu'il représente d'efforts, bien que resté inachevé.

Le premier et le plus hardi fut proposé par Riquet, l'auteur du canal du Languedoc; il voulut amener, à la hauteur de Satory, une portion de la Loire, prise aux environs de Briare. Il l'abandonna en raison des difficultés. D'autres proposèrent la dérivation de la Marne, de l'Orge et d'autres cours d'eau; ces projets furent bientôt abandonnés. M. de la Hire, en nivelant l'Eure à Chartres, trouva qu'à Pontgouin cette rivière était plus élevée que l'étang de Trappes de soixante-dix pieds (vingt-trois mètres) et cent dix pieds au-dessus de la cour de marbre du château de Versailles. On n'hésita plus et on lui adjoignit Vauban pour élaborer son projet; d'après le plan de ce dernier, on imagina de construire un aqueduc de trois rangs d'arcades superposées qui traverseraient la propriété de madame de Maintenon, vis-à-vis du château, et cela au grand ennui de la châtelaine.

On barrait l'Eure à Pontgouin et on la faisait se déverser dans un canal creusé à côté de cette rivière. Cette eau devant couler à ciel ouvert dans un canal de quarante mille mètres ; là le terrain s'affaissant, Vauban portait le canal sur un aqueduc de pierre jusqu'à Trappes. Cet aqueduc cubait seize mille huit cent cinquante-huit mètres et avait plus de quatre lieues de longueur. Le plan fut modifié et les essais qu'on fit donnèrent pleine satisfaction. Ce fut à Maintenon que se manifesta le plus l'animation du travail. Le grand aqueduc qu'on devait y construire en maçonnerie, sur une longueur de quatre mille six cents mètres, devait avoir trois rangs d'arcades au plus profond de la vallée. Le premier rang, le seul qui ait été construit, est composé de quarante-sept arcades, formant neuf cent soixante-quinze mètres de long ; chaque arcade a treize mètres d'ouverture, quinze mètres de profondeur, et, comme nous l'avons dit plus haut, vingt-cinq mètres d'élévation sous la voûte au fond du vallon. Les piles, armées de contreforts de deux mètres de saillie, ont près de huit mètres d'épaisseur, et l'élévation de ce premier étage est de trente mètres. Le deuxième rang aurait été composé de cent quatre-vingt-quinze arcades, le troisième de trois cent quatre-vingt-dix arcades. L'élévation totale de ces trois rangs aurait atteint soixante-douze mètres. Des escaliers à vis, placés dans l'intérieur des contre-forts, auraient permis de monter dans toutes les parties du monument dont les fondations descendent à cinq mètres de profondeur.

Tous ces détails, nécessaires pour donner une idée de l'immensité de l'entreprise, ont été réunis par le duc de Noailles, qui mieux que tout autre, devait être renseigné sur ce qui concerne cette résidence de ses ancêtres. C'est à lui que nous empruntons ces renseignements de toute exactitude. Il ajoute que Vauban imagina de rendre navigables, au moyen d'écluses, une partie de la rivière de l'Eure, celle d'Épernon et le ruisseau de Gaillardon. A l'aide de ces trois navigations artificielles il amena à Maintenon tous les matériaux que renferme cette étendue de terrain. Louis XIV fit don de ces rivières nouvelles à madame de Maintenon, pour la dédommager du trouble que ces travaux gigantesques avaient jeté dans sa retraite.

Arrivons au chiffre exact des frais occasionnés par l'aqueduc et que Dulaure évalue, sans documents d'ailleurs, à cinquante millions, et nous trouvons que la dépense s'éleva, sans compter les acquisitions de terrains ni les terrassements exécutés par la troupe, à huit millions huit cent quatre-vingt mille deux cent soixante et une livres cinq sous sept deniers. Ce chiffre résulte de documents irréfutables tels que les comptes des bâtiments civils, etc. Car il faut, tout en constatant une prodigalité dont les conséquences devaient être si funestes à la

France, reconnaître la perfection de l'administration et notamment de la comptabilité sous le règne de Louis XIV ; c'est en feuilletant ces livres où sont inscrits les moindres détails, livres qu'on accusait le Roi d'avoir fait brûler, qu'on admire justement le scrupule et l'honnêteté de l'administration française qui ne permettait pas la moindre fraude, la plus petite omission.

Jetons encore un coup d'œil sur ces arcades gigantesques qui, arrêtées à mi-chemin, restent comme les marques d'une fantaisie ruineuse et seraient aujourd'hui l'admiration de tous, si Louis XIV eût pu les faire achever. Toutes se tiennent encore fièrement, laissant les années les charger de leur poids ; quelques-unes ont été cependant rompues, mais par la main de l'homme ; des paysans, d'une incroyable hardiesse, faisaient passer sur leur étroit sommet chevaux et voitures pour frauder l'octroi ; d'autres outrages leur ont été faits, et une assez grande quantité de pierres ont été prises à leurs arêtes très vives encore ; ce fut avec l'autorisation du roi Louis XV que, soixante-cinq ans plus tard, ces pierres, dont Louis XIV avait construit son aqueduc dans le parc de madame de Maintenon, furent transportées à Crécy pour servir à rebâtir le château de la duchesse de Châteauroux !

En 1688, la guerre menaçante détermina Louis XIV à arrêter l'œuvre commencée en 1684, époque de son mariage avec madame Maintenon. Dès lors, le château de Maintenon, loin de l'intéresser, lui rappelait une grande entreprise faite sans prévision ; il n'y séjourna plus et madame de Maintenon fit comme son « ami solide », ainsi que madame de Sévigné surnommait le Roi au temps où, après avoir déclaré madame de Montespan une « triomphante beauté », elle décrétait que madame de Maintenon était « encore plus triomphante ».

Pendant dix ans le château et le domaine furent donc à peu près abandonnés, jusqu'en 1698 où ils passèrent dans la famille de Noailles qui le possède encore aujourd'hui, et dont le digne héritier en entretient les beautés avec les soins intelligents d'un artiste et d'un archéologue. Ce fut pour le mariage d'Adrien Morin, alors comte d'Ayen et colonel, depuis duc de Noailles et maréchal de France, avec Françoise d'Aubigné, fille du comte Charles d'Aubigné et nièce de madame de Maintenon, qu'eut lieu cette transmission. La marquise aimait tendrement sa nièce, et, résistant au Roi qui voulait la donner au prince de Marsillac, petit-fils du duc de La Rochefoucauld, elle proposa, appuyée par l'amitié du maréchal et du cardinal de Noailles, le comte d'Ayen, qui fut agréé et prit le titre de duc de Noailles : « J'établis ma nièce, écrivit-elle à madame de Saint-Gerin, la chose est faite : ainsi, dépêchez-vous, il me faut un compliment. Il en coûte à mon frère cent mille livres, à moi ma terre, au Roi huit cent mille livres..., il a un beau régiment, et on y joindra des pensions; il aime son métier et il s'y distinguera. Enfin, je suis fort contente de cette affaire. » En effet celle qu'on surnommait jadis dédaigneusement : *la jeune Indienne*, parce qu'on la croyait née en Amérique, n'eut qu'à se louer de cette grande alliance, car, outre ces libéralités, le comte d'Ayen reçut encore du Roi les gouvernements du Berri et du Roussillon.

Parmi les tableaux que renferme le château nous citerons, après la galerie des ancêtres, un charmant portrait du duc de Penthièvre, un portrait par Nattier, celui de la comtesse de Toulouse, deux curieuses toiles représentant l'une : madame de Caumont et madame de Villars; l'autre : une *Sainte famille* où, sous les traits de la vierge, de l'enfant Jésus et de saint Jean, on reconnaît, non sans surprise, madame de Maintenon, le duc du Maine et le comte de Toulouse. Puis deux portraits de madame de Maintenon d'un grand intérêt et dont l'un fut le prétexte d'autant de dénigrements que de louanges; il s'agit de celui qui fut peint alors qu'elle avait près de soixante ans. Mignard fit de la marquise une sainte Françoise et l'habilla en dame romaine, portant sur une robe de brocart d'or, un manteau bleu doublé d'hermine, semé de petites fleurs d'or et rattaché sur l'épaule par un gros diamant. Ce n'était pas précisément le portrait d'une reine, mais la tenue majestueuse de la marquise sous les traits de la sainte indiquait suffisamment le sens à peine caché de l'allégorie. Madame de Sévigné, toujours ardente aux compliments, déclara que cette peinture était la plus belle qu'on pût jamais imaginer : « Mignard l'a embellie, mais c'est sans fadeur, sans incarnat, sans blanc, sans l'air de la jeunesse, des yeux

animés, une grâce parfaite, point d'atours ;
aucun portrait ne tient devant celui-là. »
Michelet, dont nous avons cité la boutade à
son ami le sculpteur Préault, en commençant cette notice, se montre plus sévère pour
un autre portrait de madame de Maintenon,
celui de Versailles : « Tout y est douteux,
dit-il, elle regarde et elle ne regarde pas...
elle dut être plutôt jolie que belle, une
miniature créole à petits traits ;... il y a
de l'ardeur dans le regard, mais il est dur,
d'une flamme sèche qu'on voit peu chez la
femme, parfois chez le jeune garçon. Au
total tout est double, c'est le portrait de
l'Équivoque. » Tout cela pour arriver à lui
donner la responsabilité des dragonnades,
qu'on lui inflige moins légèrement aujourd'hui, en pensant aux résistances qu'elle
apporta à renoncer à la religion réformée ;
il ne fallut pas moins de deux ans pour
convaincre cette enfant de quatorze ans qui,
dit madame de Neuillant, fatiguait les

prêtres la Bible à la main ; on se soucie aussi peu de se rappeler qu'elle écrivait à son frère qui maltraitait les huguenots : « Ils sont dans des erreurs où nous avons été nous-mêmes et d'où la violence ne nous eût pas tirés. » Ajoutons qu'il est bien invraisemblable qu'une femme qui envoyait ses domestiques protestants au prêche se soit associée aux cruelles persécutions exercées contre leurs coreligionnaires.

Ce portrait de Mignard exerça l'imagination des ennemis de madame de Maintenon, et on inventa que Louis XIV avait dit au peintre, qui voulait placer une couronne sur la tête de sainte Françoise : « Halte-là, monsieur Mignard, les saintes n'ont pas de couronnes, elles ont une auréole qui vaut mieux ! » Mignard connaissait trop la Cour pour se risquer à une pareille bévue. Dulaure ne manqua pas de recueillir cette anecdote, tout comme il s'est empressé de signaler une ignoble brochure, pamphlet du temps, intitulée, paraît-il : *La Jardinière de Maintenon.* Comme on le voit, si nous possédons des portraits physiques de madame de Maintenon fort ressemblants, tels que ceux de Mignard et l'émail de Petitot, il s'en faut qu'on soit bien fixé à l'égard de son portrait moral ; son incroyable fortune lui a valu des inimitiés durables ; elle eut particulièrement le don d'irriter beaucoup de ses contemporains qui semblaient dire de la grandeur avec Montaigne : « Puisque nous ne la pouvons atteindre, vengeons-nous à en médire. » Pour nous, nous pensons, avec le duc de Noailles, que pour songer à peindre madame de Maintenon, il faut d'abord la connaître, et qu'après tout ce qu'on a dit d'elle, le meilleur moyen d'y arriver, c'est de la lire.

Parmi les richesses artistiques du château il ne faut pas oublier un autre portrait de madame de Maintenon, absolument charmant, peint par Ferdinand et la représentant assise, vêtue de noir et regardant sa nièce enfant, à genoux devant elle. Elle est belle encore, d'un embonpoint modéré, son front élevé est ombragé d'un voile, et son regard assez semblable à celui de ses autres portraits.

L'histoire du château de Maintenon ne s'arrête pas au règne de Louis XIV et la Cour y vint aussi sous Louis XV, car le Journal de Narbonne rapporte que, le mardi 27 mai 1732, la Reine dîna à Maintenon où le duc de Noailles, gouverneur de Versailles, s'était rendu pour la recevoir : le lendemain elle fit ses dévotions à Chartres, et le jeudi revint dîner à Maintenon chez M. le duc de Noailles.

On peut voir encore aujourd'hui, à côté d'une vaste salle à manger, jadis salle des gardes de Louis XIV, une belle pièce, au plafond à poutrelles, dans laquelle on avait établi sa chambre à coucher ; c'est là qu'en 1793 on fit vendre tout le mobilier du château, « les portraits de tyrans et un ci-devant Christ »; c'est là qu'en face une belle copie du portrait de Louis XIV par Rigaud, Charles X fuyant Paris, en 1830, signa le licenciement des Suisses de la garde royale et son abdication ; pendant ce temps un enfant blond se tenait au balcon, riant, jouant et jetant du pain aux poissons de la rivière qui baigne le pied du château ; lui aussi partait pour l'exil avec son grand-père et devait, comme lui aussi, mourir hors de France, dernier héritier direct du trône de Louis le Grand.

La chambre de madame de Maintenon servit de chambre à coucher à Charles X, pendant son court séjour dans le château; elle est encore meublée aujourd'hui comme en 1830, et ce n'est pas sans une certaine mélancolie que l'on parcourt ces appartements qui ont vu passer, comme dans une hôtellerie magique, tant et de si différents voyageurs. Avec ses tours du moyen âge, ses aqueducs, ses canaux creusés par Vauban, ses royaux visiteurs, es seigneurs de haute race, le château de Maintenon mérite au moins ces quelques pages dans le livre de l'Histoire intime, artistique et monumentale de la France.

LE BUFFET DU PARC DE TRIANON

La restauration de cette merveilleuse fantaisie de Mansart, de ce monumental bibelot Louis XIV, a été traitée par la presse un peu à la façon des œuvres dramatiques dont la critique ne s'occupe généralement que tant qu'elles sont imparfaites, rendant souvent compte d'un acte ou d'une scène coupés ou remaniés, et se plaignant, à propos de la première représentation, qu'elle suit rarement, de défauts ou de longueurs qui n'existaient qu'aux répétitions. Ce n'est que depuis que les réparations du Buffet, un chef-d'œuvre qui vaut à lui seul le pèlerinage de Trianon, sont absolument terminées qu'il est permis d'en parler d'une façon définitive.

Enfin nous pouvons soulever un coin du voile que le temps a jeté, non sans charme ni poésie, sur ces belles décorations du grand siècle que nous ne connaissons guère que par des ruines ou des réparations insuffisantes. Je ne pense pas qu'il faille étendre à tout le parc de Versailles (la belle Pyramide de Girardon exceptée) l'essai qui vient d'être fait à Trianon, mais je suis de ceux qui approuvent qu'on l'ait osé sur cet admirable morceau ; plus que toutes les autres fontaines des parcs, et en raison de la délicatesse de ses détails, le Buffet souffrait particulièrement de l'état de délabrement dans lequel on le laissait s'émietter depuis bien des années ; fallait-il le réparer seulement, se contenter de remettre en place les marbres disjoints, de souder des pièces aux statues de plomb brisées ou crevassées, en un mot de montrer la ruine sous un aspect seulement présentable? Valait-il mieux, sans crainte des sévères jugeurs qui critiquent tous ceux qui osent, redonner au Buffet l'éclat qu'il avait sous Louis XIV, rendre, en les repolissant, leur beau rouge aux marbres du Languedoc, leur blancheur à ceux de Carrare et, dépouillant ces belles statues du ton gris qui leur donnait la douceur de la terre glaise des statuaires, nous les montrer toutes brillantes de leur or primitif? La question a été résolue dans ce dernier sens et, se conformant aux tonalités du précieux tableau d'Allegrain, conservé au Palais de Versailles, M. Marcel Lambert nous a présenté un échantillon de la jeunesse du parc de Louis XIV.

Pour expliquer l'exception que j'ai faite plus haut en faveur de la dorure de la Pyramide de Girardon, je dois ajouter que cette fontaine étincelante d'or sous ces nappes d'eau, avait primitivement, et pour cause, reçu le nom de : Fontaine Dorée.

Il est évident que ceux qui tiennent à être mécontents vont, malgré d'habiles palliatifs pris par l'architecte, tels que l'emploi de l'or vieux, l'estompage de certaines parties, crier au sacrilège et protester contre la dureté des tons, des brillants, etc.; pour dire vrai, étant admis qu'il était intéressant de donner une restitution, si j'avais un reproche à formuler, ce serait au contraire la discrétion de sa présentation, insistant sur l'avantage de la franchise dans une restauration de cette nature. Puisqu'il s'agissait de nous mettre sous les yeux le Buffet tel que l'avaient vu Louis XIV et Louis XV, je crois qu'on pouvait nous le montrer avec le clair éclat de son or battant neuf, sans se préoccuper de l'éteindre sous des tons rougeâtres et mordorés. Mais mon objection tombe devant cette autre que, d'ici peu de temps, tout ce qui est artificiel sur cette dorure aura disparu, emporté par les pluies par le soleil et par la gelée. En somme, le résultat obtenu est excellent et je souhaite à ceux qui iront visiter ce très remarquable spécimen de restauration, le grand plaisir que j'y ai trouvé moi-même.

Pour justifier ces ors atténués, je dois dire que leur patine s'imposait d'autant plus que, ne voulant pas substituer de marbre neuf à l'ancien, l'architecte avait dû procéder par certaines retailles, qui, tout en conservant à l'œuvre son caractère primitif et son ampleur, ne lui ont pas rendu complètement l'aspect du neuf; on comprend l'inconvénient que présentait la retaille de toute la mouluration, des consoles des vasques, etc.; dans ces conditions, un ton d'or neuf eût absolument juré avec l'ensemble, et c'est pour cette raison que M Lambert a dû prendre pour base de son effet, le tableau d'Allegrain que j'ai mentionné plus haut. J'ajouterai qu'au point de vue de la conservation du monument pour l'avenir, il a, en rétablissant le système hydraulique, appliqué à la canalisation des eaux le système de cuvettes des autres fontaines, conjurant ainsi toutes les dégradations des infiltrations.

Deux remarquables piédestaux de marbre de Languedoc sont placés dans les angles du bosquet qui font face au Buffet; ils sont vides aujourd'hui et leur restauration, comme celle du Buffet, souligne la nécessité d'y mettre des statues. Ne pourrait-on y placer deux copies des superbes originaux des Coustou qui y figuraient autrefois; ils sont maintenant au Louvre et représentent Louis XV en Jupiter et Marie Leczinska, « son épouse » dit V. de Villiers, en Junon; cette dernière est un pur chef-d'œuvre de Guillaume Coustou, et leur reproduction compléterait un merveilleux ensemble.

Le monument est composé de trois gradins construits en marbre blanc et en marbre du Languedoc, avec ornements et sculptures en plomb doré. Le gradin supérieur est surmonté des superbes figures dorées de *Neptune* et *d'Amphitrite* soutenant une urne et accompagnées de deux lions également dorés. Au-dessous sont deux vasques entourées de jeunes Tritons jouant avec des écrevisses. La face du second gradin est ornée de petits bas-reliefs; celui du milieu représente le Triomphe de Thétis; on y sent comme le germe des compositions de Clodion. Le gradin qui sert de base est décoré de trois vasques en marbre et de quatre merveilleux mascarons en plomb doré. Cette fontaine, une œuvre de premier ordre, a été exécutée sur les plans de Mansart, par Van Clève, Mazière, Granier, Poirier, Le Lorrain et Lapierre.

Le plus connu de ces artistes, Van Clève, est l'auteur des animaux si vivants du bosquet de Diane, dans le parc de Versailles, et des grands groupes du Nil et du Rhin et la Moselle qui sont près du grand bassin des Tuileries.

Et, pour terminer, tout en souhaitant aux palais de Versailles un budget spécial, autonome, constant, qui soit à l'abri des caprices et des exigences des répartitions parfois fantaisistes qu'il faut lui reprocher, félicitons aujourd'hui l'administration du soin qu'elle prend de nous rendre les belles choses du temps passé.

Quant à ceux qui regretteraient trop les ruines et les effacements qu'apportent les années, nous leur dirons qu'il faut songer à nos petits-fils qui seront heureux de pouvoir juger de leurs yeux les splendeurs racontées par les livres; pour la poésie des grands parcs abandonnés, des marbres aux couleurs éteintes, des statues ruinées, elle reviendra, hélas! toujours; c'est l'affaire du temps qui se chargera de tout unifier sous la monotonie de sa lente poussière, les marbres aussi bien que les ors, et saura les pâlir encore de ces mêmes pâleurs.

LA NYMPHE DE COYZEVOX

Le musée du Louvre et le parc de Versailles ont l'un acquis et l'autre reconquis un des chefs-d'œuvre de l'école française, un des plus beaux morceaux de sculpture de Coyzevox : la *Nymphe à la Coquille.*

Le public ne s'est guère aperçu de l'état de délabrement de Versailles et la presse n'a vraiment songé à tonner contre tous les dégâts que le temps et la négligence avaient apportés à son palais et à son parc, qu'à partir du jour où l'administration a commencé des réparations devenues indispensables. Depuis quelque temps, et grâce à l'intelligence avec laquelle sont réparties les sommes pourtant bien minimes que le budget consacre à Versailles et aux Trianons, on a pu commencer des travaux qui empêcheront de tomber en ruine tant de merveilles éparses au dedans et autour des trois palais.

Aujourd'hui, c'est une œuvre d'un charme profond, une des plus délicates interprétations de l'antique rêvées par Coyzevox, l'oncle des Coustou, qu'on a soustrait à une perte certaine.

Dès que l'état de l'original lui eut été signalé, M. Larroumet le faisait transporter au Louvre, prescrivait de le restaurer et en commandait une copie. Le directeur des Beaux-Arts prenait ainsi l'initiative d'une mesure qui peut assurer le salut de bien des chefs-d'œuvre, car un ou deux siècles d'exposition en plein air, c'est long pour le marbre ou la pierre sous notre ciel et sous notre climat. Ce qu'il faisait à Versailles pour Coyzevox, il le faisait en même temps ailleurs, à Amiens notamment où il trouvait au cours d'une de ses tournées d'inspection un groupe charmant du siècle dernier. L'Administration des beaux-arts fera bien de continuer cette intelligente initiative.

Coyzevox que les biographes ont tour à tour appelé : Quoyzeveau, Quoyzeuaux et dont le nom est, je crois, orthographié encore autrement dans les Comptes des bâtiments, ces précieuses pièces justificatives des dépenses de Louis XIV, a eu le rare bonheur d'être toujours et quand même de son temps et de son pays; quand ses mains pétrissaient la glaise pour copier scrupuleusement l'antique, elles y laissaient inconsciemment le parfum de son temps, celui de ce commencement du xviii° siècle, tant dénigré jadis par de prétendues écoles rénovatrices et qui reste comme la plus saisissante expression de l'art français. Dans le feu de son génie (et je ne parle ici que des copies qu'il a faites) Coyzevox avait mélangé deux siècles d'art, celui de Louis XV et celui des Grecs, et c'est avec une sorte d'inquiétude admirative qu'on regarde ces deux marbres exquis, la Vénus accroupie aussi bien que la Nymphe de Diane; toute la pureté sévère de l'art antique se développe dans les lignes de leurs silhouettes, toute la science des maîtres grecs tient dans ces modelés d'une finesse inconcevable, et pourtant à contempler ce sourire du regard et de la bouche, cette grâce vivante des détails, ces bras alanguis, à respirer près de ces formes enveloppées d'une chair qui semble exhaler la tiédeur de la vie, on sent qu'on est en présence d'une sœur des Montespan et des Pompadour, d'une française du xviiie siècle en même temps que d'une fille de Praxitèle.

Les disciples de David avaient, prudemment pour eux, mis à l'index tout l'art français qui avait précédé le leur; ils avaient brutalement imposé leurs lois au nom de la liberté de l'art, et détournaient les yeux avec horreur de toutes les peintures et de toutes les sculptures passées en disant : « Fi! que c'est joli! » Le mot joli était le terme de mépris qui servait à désigner tout l'art français qui n'était pas le leur; on employait déjà, on le voit, les procédés d'aujourd'hui. Ces braves « rénovateurs » (ceux-là parodiaient l'antique) oubliaient que tout ce qui plaît est de l'art, car le premier devoir de l'art sera toujours de plaire. Pourquoi voudrait-on que le laid et l'ennuyeux, car présentement nous sommes en proie à tous les deux, fussent plus de l'art qu'une chose charmante? « Méfiez-vous des jolies femmes! » disent d'un air entendu les femmes laides, et elles font bien, ayant leurs raisons pour cela. Mais est-ce que ceux qui crient : Méfiez-vous de ce qui charme vos yeux, vos oreilles ou votre esprit, ne sont pas tout simplement ceux qui ne savent que blesser vos yeux, écorcher vos oreilles ou froisser votre logique?

En résumé, tout est du domaine de l'art, et les grands artistes sont ceux qui savent résumer en eux aussi bien le grand et le gracieux que le délicat et le sublime; la nature ne procède pas autrement.

Revenons à Coyzevox. Lui aussi devint un jour la victime de la mode, comme il l'avait été des hasards et des caprices populaires, et le commencement de ce siècle vit classer dans la « rococo » des œuvres comme le Vœu de Louis XIII, l'Hamadryade, le Berger et le petit Satyre, la Renommée, le Mercure, La Garonne et la Dordogne, les merveilleux bustes et statues de Condé, Bossuet, Colbert, Louis XIV, Marie Serre, Lebrun, Mansart; sans compter ses œuvres détruites par la Révolution ou anéanties par des incendies comme celui du palais de Saverne, rempli de trophées, d'ornements, où se dressaient cinquante statues de Coyzevox, dont plusieurs colossales. Je ne mentionnerai pas d'autres œuvres, comme celles de Marly et de Versailles où, rien que dans la galerie des glaces, il y a vingt-trois groupes d'enfants, indépendamment des morceaux qu'on admire dans le parc. Je ne parlerai pas davantage des travaux qu'il a prodigués dans les autres palais de Louis XIV. En résumé, M. Jouin, qui a relevé la listes des principales œuvres de Coyzevox, n'en signale pas moins de trois cents!

Ceux qui iront admirer, dans la salle du Louvre, la *Nymphe à la Coquille*, ou qui verront la copie qu'on a placée au bas du parterre de Latone, comprendront d'un coup d'œil que ce chef-d'œuvre est bien fait pour défendre le droit de l'éclectisme en matière d'art. Je les engage à regarder, avant de le visiter au Louvre, l'original antique qui se trouve dans la salle des Cariatides de ce musée; il est à gauche du portique sous lequel mourut Henri IV; le palais Borghèse en possède un semblable à Rome et c'est d'après celui-là que Coyzevox a modelé sa statue. On admirera la beauté sévère de sa composition, mais on verra de quelle élégante et personnelle façon le statuaire français en a donné la traduction dans son marbre.

Parlons maintenant de la restauration de la statue de Versailles, due à la consciencieuse étude qu'en a faite M. Suchetet. Avec beaucoup de perspicacité, le directeur des beaux-arts a cherché pour reproduire le chef-d'œuvre de Coyzevox, un artiste qui sût donner à sa copie tout le charme féminin de l'original; la question de tempérament est la première à examiner justement quand il s'agit d'une copie, et c'est là un point dont ne se préoccupe généralement pas assez l'administration.

Voilà donc la *Nymphe à la Coquille* revenue sur le piédestal où l'avait fait poser le roi Louis XIV. Elle est admirablement reproduite et reprend dans l'espace exactement la même place qu'y tenait l'original. Les Versaillais et les amateurs d'art seront heureux de revoir cette merveille renaissant de ses ruines ou à peu près.

LES COCHIN

M. S. Rocheblave a consacré une notice très complète aux graveurs français : *les Cochin*. En effet, Cochin le vieux, Cochin le père et Cochin le fils, appartiennent à l'histoire de la gravure française, et, bien que les travaux de MM. de Goncourt et d'autres critiques d'art, aient renseigné déjà sur ces grands artistes, il est utile de rappeler la place qu'ils occupent à côté des Eisen, Moreau le jeune et de nos grands dessinateurs du xviiie siècle. Sans avoir moins de grâce que ceux-ci, Cochin le fils (c'est celui qui nous occupe principalement) témoigne de plus de largeur de conception et d'exécution. Ajoutons que sa belle collection de portraits a contribué à grandir son nom et que comme écrivain il ne le cède en rien aux meilleurs critiques d'art de son temps ; pour ma part, je le déclare supérieur puisqu'il ne parle d'art qu'après s'être montré grand artiste, ce qui n'est point le cas généralement de ceux qui jugent si sévèrement les peintres, sculpteurs et graveurs.

Écrivain passionné, il faut le reconnaître, il apporte autant de fougue à attaquer ceux qu'il n'aime pas qu'à défendre ceux qu'il aime ; ses portraits dessinés, gravés et écrits de Caylus et ceux de M. de Marigny en font foi. Que de clairvoyance dans les aperçus des *Anecdotes* et de ses Mémoires ! Que d'utiles leçons pour les artistes y sont contenues, leçons d'art et de conduite. Voici, par exemple, pour ceux d'entre eux qui, de son temps comme du nôtre, croyaient bon de « se frotter aux gens de condition », aux grands seigneurs d'alors, aux bourgeois d'aujourd'hui :

« Les gens de condition font sans doute honneur aux corps auxquels ils s'attachent, mais le malheur est qu'ils le savent trop bien, et qu'il est rare que leur protection ne dégénère pas en quelque peu de tyrannie. »

Quel peintre coureur de salons ou de cercles ne sera pas intimement de l'avis de Cochin ? Voilà pour la conduite ; voici pour l'art maintenant et pour ceux qui, se grisant sur des intentions, veulent voir dans une ébauche autre chose qu'une œuvre provisoire. Parlant d'un grand statuaire, il dit :

« Il aimait le fini et sans doute il avait raison. En effet, il semble qu'on ne peut pas regarder quelque chose comme véritablement beau qu'il ne soit achevé. De plus, il est tant d'artistes qui font des ébauches et des *à peu près* charmants, et qui néanmoins sont incapables de les terminer avec succès, qu'un artiste ne peut être reconnu que sur des ouvrages achevés. »

Voilà qui est net, aussi bien dit que pensé. Évidemment les inquiets répondront à Cochin par cette spécieuse raison qu'il faut changer de voie, que l'art doit entrer dans une nouvelle phase. Cochin a prévu l'objection et répond par cette constatation qui devrait être inscrite au fronton de toutes les écoles, tant qu'il y en aura.

« L'envie de faire du nouveau fait faire bien des sottises ! »

> Dans ce temps-là
> C'était déjà comm'ça !

dit un refrain plein de philosophie. Je reviens au travail très intéressant de M. S. Rocheblave, qui résume si bien l'œuvre et la vie des Cochin et des Hortemels ; mais, en pensant à Cochin le jeune, je ne puis m'empêcher de donner une plus grande part d'admiration à l'auteur de ces merveilleuses estampes qui ont pour sujet : *Le mariage du Dauphin* à la chapelle de Versailles, *Le Jeu du Roi,* dans la grande galerie, de ces belles et puissantes allégories, de ces frontispices ingénieux, de ces illustrations, des moindres fleurons dans lesquels se révèle cette chose, ce don inné qui s'appelle le style, et qui se retrouve partout, jusque dans un croquis jeté sur le coin d'une feuille de papier.

LA BIBLIOTHÈQUE DE VERSAILLES

Quelle bibliothèque en France n'est pas petite à côté de la Bibliothèque nationale! Mais pour être de moindres dimensions, pour n'être pas gonflées de cent milliers et de cent milliers de livres, il est dans nos départements bien des collections, sans compter celles des particuliers, bien des bibliothèques qui renferment sinon des trésors, tout au moins des pièces de haut intérêt. Parmi celles-ci la bibliothèque de Versailles, qui doit appeler d'abord notre attention, non seulement par sa collection de livres qui est des plus importantes, mais aussi par l'édifice admirable qui les renferme.

Sur un désir de M. de Choiseul, sur un ordre du roi, le ministère des affaires étrangères, aujourd'hui la bibliothèque de Versailles, fut construit par l'ingénieur Berthier, père de celui qui devait devenir prince de Wagram. Sans entrer dans trop de détails sur l'histoire de cette construction, disons qu'elle fut élevée sur l'emplacement du potager de Louis XIII, tout comme l'Elysée sur celui de la Pompadour, et que c'est un des premiers bâtiments dans lequel il n'entra que des matériaux incombustibles, fer, brique et pierre ; le fait est contrariant pour ceux qui veulent attribuer au XIXe siècle l'honneur de l'invention de la charpente en fer, mais l'histoire est là.

C'est surtout par les souvenirs des châteaux de Versailles et de Trianon que l'esprit du visiteur est hanté en parcourant ces merveilleuses salles qui ont recueilli non seulement une partie des bibliothèques royales, celles de Louis XIV, Louis XV, Louis XVI, de Marie-Antoinette, de Mesdames, mais aussi celles de la Pompadour et de la Dubarry. Rien de plus curieux d'abord que de constater l'innocence, c'est le mot, de ces collections dont les révolutionnaires parlaient comme du réceptacle de tous les ouvrages licencieux du temps. La bibliothèque de la Dubarry, dont nous ne ferons pas le catalogue, est fort instructive à cet égard. On y trouve le *Théâtre des Grecs*, les *OEuvres de Frédéric II*, *la Muse historique*, un superbe exemplaire des *OEuvres de Gessner*, avec dédicace du traducteur, beaucoup d'ouvrages classiques, pas un seul qui ne puisse figurer dans la collection de la femme la plus austère.

La bibliothèque de Marie-Antoinette n'est

guère moins pure ; on y trouvera cependant des romans du temps, *la Bibliothèque de campagne*, *les Désordres de l'amour*, et d'autres livres de boudoir qu'elle ne lisait certainement pas, mais que son bibliothécaire classait parmi ses livres pour que la collection fût pourvue d'actualités. La plupart de ces volumes, qui portent les initiales C. T. (Château de Trianon), sont assez médiocrement reliés en maroquin rouge, en veau écaille et dorés sur tranche ; le dos et les plats sont ornés des armes de la Reine. Sa bibliothèque des Tuileries, dont E. Quantin-Beauchart a donné le catalogue, n'était ni plus riche ni autrement composée. La Reine lisait peu d'ailleurs ; elle ne possédait pas, chose singulière, de livres allemands, et feuilletait parfois Florian, de qui elle disait : « Quand je le lis, je crois manger de la soupe au lait. »

Au nombre des curiosités relatives à Marie-

Antoinette, il faut citer son livre de prières. Il porte sur la première page cette indication : *Prières chrétiennes, Vienne, 1765, de Trattern, imprimeur de la Cour.* Ce qui y ajoute un prix inestimable, c'est que Marie-Antoinette, jeune fille, a elle-même copié sur les gardes une pièce de vers de Louis Racine, extraite de la *Religion*. L'écriture est caractérisée et très reconnaissable. Probablement elle a gardé précieusement, et jusqu'à ses derniers jours, ce livre de son enfance. On y trouve inscrit un nom : Gilbert, qui fut celui de l'un des gendarmes qui la gardaient à la Conciergerie ; il est vrai qu'elle avait à la Cour, dans le service de sa maison, un aide-échanson de ce nom. Une dernière inscription écrite de sa main : *Heureux ceux qui pleurent !* A ce compte, la reine martyre pourrait passer pour la plus heureuse des femmes.

Parmi les livres curieux, en voici un qui

a appartenu à la charmante duchesse de Bourgogne ; il est enfermé dans une délicate reliure à la croix de Savoie et aux armes de France. Un autre porte la croix de Saint-Cyr, couronnée et fleurie d'un lis au bout de ses branches ; un superbe livre relatant les fêtes du mariage de Louis XIV, orné d'un portrait par Mignard gravé par Poilly ; des volumes ayant appartenu à madame Victoire qui faisait effacer les armes du Roi son père pour y substituer le losange aux trois fleurs de lis de ses propres armes. Puis ce sont d'étonnantes cartes chronologiques, véritables objets d'art, dressées, dessinées et peintes par Pièche (1740), en camaïeu bleu : l'Histoire de l'Ancien Testament, l'Histoire grecque. Nous remarquons, dans le tableau relatif à la création du monde, que l'historien en précise la date et la fixe juste au commencement de la nuit du 22 au 23 octobre ; on ne saurait être plus exactement informé. Ces belles cartes, illustrées comme de vieux missels, étaient placées dans les chambres d'études des jeunes princes à Versailles.

Je passe sur de merveilleux volumes des collections de Grolier, des reliures à la Fanfare, des chefs-d'œuvre de Derome, entre autres un petit livre exquis : *la Loi salique* (1780) imprimé sur vélin, gardé dans un écrin comme un véritable bijou qu'il est, et je signale, en passant, aux amateurs de curiosités, des reliques de Charlotte Corday, léguées à la bibliothèque par M. Vatel ; c'est son lit de jeune fille aux rideaux d'un bleu très clair, une petite fontaine en cuivre, une vue de l'hôtel où elle est descendue avant d'aller faire justice du monstre ; puis voici le coffre de blanchisseuse qui servait au Temple à Marie-Antoinette, des cartes géographiques de Louis XVI ; enfin le portrait de Buzot que portait dans un médaillon madame Roland, et derrière lequel elle avait écrit sa biographie avec une rare chaleur admirative. C'est M. Vatel qui a fait don de cette curieuse pièce à la bibliothèque. Plus loin, voici la table de marbre sur laquelle fut signée l'annexion de la Corse à la France, de superbes crosses d'abbés du xive siècle, l'esquisse d'un buste très élégant et peu connu de la Dubarry, attribué à Caffieri, un autre buste ravissant de Marie-Antoinette, et la collection moulée des œuvres de Houdon, le grand statuaire, enfant de Versailles.

M. Vatel a également légué un curieux morceau de peinture à la Bibliothèque. C'est le portrait d'une sorte de capitaine de mousquetaires, à grande allure, coiffé d'une perruque noire, portant sous un manteau rouge une cuirasse noire traversée d'une écharpe blanche. Ce personnage d'aspect très saisissant, ayant la tournure d'un portrait de Van Dyck, ne serait, dit-on, autre que celui du fils de Pierre Corneille. C'est dans la famille de Charlotte Corday, alliée à celle du grand tragique, que M. Vatel a découvert cette toile.

J'ai parlé des curiosités, des livres de la bibliothèque où l'on a pu retrouver le manuscrit des Mémoires de Saint-Simon, et je m'aperçois que je n'ai pas encore signalé le splendide décor qui les renferme ; il en vaut la peine. Outre les débris de merveilleuses boiseries provenant du château de Versailles, fouillées en plein bois, aux lacis, aux entrelacs ajourés, de panneaux aux couronnes de roses traversées de flèches, d'oiseaux envolés dans les plus exquises arabesques, il faut admirer l'architecture même de ces salles dont les portes, ouvertes en enfilade, forment comme une longue tonnelle chargée de tout ce que l'ornementation du xviiie siècle a de plus élégant. Ce beau spécimen d'art marque mieux que nulle autre part la transition du style de Louis XV à celui de Louis XVI ; il constitue un chaînon important dans l'histoire de notre art décoratif.

Que de choses à dire encore, à signaler à l'admiration des connaisseurs, ne serait-ce qu'une suite de vues placées en trumeaux et signées par Van Blarenberghe, qui était attaché au Dépôt de la guerre. Ce sont de merveilleux échantillons de ce maître miniaturiste dont les amateurs paient de prix prodigieux les plus petits morceaux. La *Vue de Varsovie* est, entre toutes, un véritable chef-d'œuvre d'exécution et de composition. Celle de *Berlin* est fort intéressante aussi ; ce fut, en 1870, l'avis du prince Fritz, mort depuis empereur d'Allemagne, qui monta tout en haut d'une échelle roulante pour admirer de près ce tableau représentant une revue passée par le grand Frédéric, en 1766. Il faut lui savoir gré de s'être contenté de l'admirer.

Nous ne pouvons mieux terminer qu'en rappelant que Louis XV vint visiter dans ce bâtiment l'imprimerie qu'on y avait installée. Le Roy raconte à ce propos qu'au moment où le souverain entrait dans les ateliers, une magnifique paire de lunettes placée sur une presse, frappa son attention. Pour les essayer il prit un petit papier : c'était son Eloge ; mais dès les premières lignes il s'arrêta, et, retirant les lunettes, il dit : « Elles sont trop fortes et grossissent un peu trop les objets. » Son bisaïeul Louis XIV les eût peut-être trouvées un peu faibles.

GÉRICAULT

LE RADEAU DE LA MÉDUSE

Ce fut avec un sentiment de profonde pitié qu'on apprit en France, vers la fin du mois d'août 1816, que la frégate *la Méduse*, partie d'Aix sous les ordres du capitaine Duroy de Chamareyx, avait sombré près des côtes d'Afrique, et que, des marins de son équipage et de ses passagers, formant un ensemble de quatre cents personnes, on n'avait retrouvé, expirants sur un radeau, que quinze hommes ; parmi ceux-ci : l'ingénieur Corréard, le chirurgien Savigny et l'aspirant de marine Coudin. Dix-sept matelots n'avaient pas voulu quitter la frégate échouée, on les avait abandonnés; les passagers et le capitaine lui-même s'étaient réfugiés dans des barques qui, amarrées à un radeau construit en trois jours, devaient le remorquer jusqu'à la côte la plus prochaine avec les cent quarante-neuf personnes qu'il portait. Les amarres se rompirent ou furent coupées, et le radeau, livré à lui-même, flotta à l'aventure, au caprice des vagues qui balayaient son plancher.

Je ne raconterai pas les horribles scènes qui se passèrent alors entre le ciel et l'eau, scènes dans lesquelles, pendant douze jours et douze nuits, devenus fous furieux, ces hommes s'entr'égorgèrent pour se nourrir de leur sang. Les détails de cette épouvantable agonie sont tous consignés dans le livre qu'écrivit Corréard et qui souleva l'opinion publique; il y protestait contre l'indifférence et l'ineptie dont le gouvernement avait fait preuve en choisissant pour conduire cette expédition un homme qui avait abandonné la marine depuis l'âge de quinze ans. De tous côtés, il n'y eut qu'un long cri d'horreur au récit de l'épouvantable drame dont les détails abondaient dans les journaux. Le capitaine fut traduit devant un conseil de guerre; on crut qu'il allait être fusillé; le tribunal ne le condamna qu'à trois ans de prison; l'opposition, en exagérant encore le sinistre, était parvenue à faire du capitaine sinon une victime, du moins un soldat malheureux. Des dix-sept matelots qui n'avaient pas voulu quitter la carcasse de *la Méduse* échouée, *l'Argus*, qui avait sauvé les survivants du radeau, recueillait encore trois matelots dont la mort n'avait pas voulu.

C'est au moment où le récit de cet horrible drame était encore dans toutes les bouches, que Géricault revenait d'Italie, rappelé par les instances de son père. Le jeune peintre (il avait alors vingt-cinq ans), bien que les succès que lui avaient valu, aux Salons de 1812 et de 1814, son *Chasseur à cheval* et son *Cuirassier blessé*, lui eussent tracé sa voie, avait voulu étudier l'Italie et y voir à son tour ce qu'il avait tant entendu admirer autour de lui, aussi bien dans l'atelier de Car^l Vernet que dans celui de Guérin. La tradition veut que le paisible Guérin, le peintre de *Didon* et du *Bélisaire*, (qu'il transforma en *Marcus Sextius*), ait conseillé à Géricault, dont les audaces l'effrayaient, de renoncer à la peinture; certes, Guérin dut être bien étonné quand il vit s'envoler de son classique atelier cette couvée de romantiques qu'il avait inconsciemment fait éclore, mais il est douteux qu'il ait pu se méprendre à ce point sur l'avenir d'un homme dont les croquis d'alors avaient déjà des hardiesses de maître. Toujours est-il que Géricault rapporta d'Italie de merveilleuses études peintes et des dessins qui trahissaient une indéniable personnalité.

L'émotion causée par la terrible catastrophe de *la Méduse* était encore très vive quand le jeune peintre revint à Paris. Son esprit frappé par le martyre des naufragés qui avaient subi des supplices oubliés par Dante, devina aussitôt le parti que pouvait tirer un artiste de ce drame dont le théâtre était l'océan soulevé par la tempête; il entendit ces cris désespérés lancés dans l'immensité indifférente, il eut la vision de ces spectres affolés se ruant les uns sur les autres dans la nuit, pour s'assassiner et se dévorer, et, dans la fièvre du génie qui enfante, il improvisa un certain nombre d'esquisses dont les idées réunies devaient se fondre en cette immense toile, ce chef-d'œuvre de l'école française, qui est *le Radeau de la Méduse*. Ce fut d'abord l'horrible combat des affamés, puis le coup de hache coupant le câble qui attachait le radeau aux embarcations, puis enfin le sauvetage des mourants fait par *l'Argus*. De ce chaos de projets sortit enfin ce radeau sur lequel les désespérés renaissent à l'espoir. Corréard montre au chirurgien Savigny et aux passagers, le brick qui apparaît à l'horizon ; un nègre agite un lambeau d'étoffe pour attirer son attention ; un père qui tient sur ses genoux le corps inanimé de son fils, des cadavres raidis qui coulent dans la mer, des vagues monstrueuses qui assiègent le radeau flottant sous un ciel sinistre, voilà tout le tableau ; qui ne l'a pas vu ne peut pas se douter de l'intensité d'émotion, de l'angoisse, de l'espérance, de la terreur et de la pitié qui peut se dégager d'un morceau de peinture. Enlevée avec une fougue extraordinaire, l'œuvre a gardé toute la chaleur de la jeune âme du grand peintre. On raconte que certaines figures ont été exécutées en une journée, et le statuaire Préault disait que celle du premier plan, représentant un cadavre qui glisse dans la mer, était de celles-là; n'ayant pas le temps d'achever le pied, en raison de la tombée de la nuit, Géricault fit mettre une chaussette à son modèle et la peignit aussitôt, pour qu'il ne fût pas dit qu'il ait laissé sa besogne inachevée; Delacroix, m'a-t-on affirmé, servit ainsi de modèle pour un des personnages du radeau, dans un moment de travail précipité.

Chose étrange et qui, hélas! n'est pas rare dans l'histoire de l'art, le chef-d'œuvre de Géricault ne reçut qu'un accueil très froid du public et même des artistes, quand il figura au Salon de 1819; on ne comprit pas qu'un grand événement venait de se produire dans l'histoire de la peinture française. La critique fut impitoyable, et je copie dans *le Moniteur* d'alors, une partie de l'incroyable appréciation qui fut faite

par un écrivain autorisé en matière d'art;
voici ce morceau dont les années et la gloire
de Géricault ont maintenant fait justice :

« Il me presse d'être débarrassé de ce
grand tableau qui m'offusque lorsque j'entre
au Salon. Je veux parler du *Naufrage de la
Méduse.*

» Ce n'est pas assez que de savoir com-
poser un sujet; ce n'est pas assez que d'en
distribuer les masses, que d'en dessiner
habilement les figures, que d'en varier les
expressions; ce ne serait pas même assez
que de s'y montrer savant coloriste : avant
tout il faut savoir le choisir. Or, une vingtaine de malheureux abandonnés sur un
radeau, où leur destinée devient le triste
jouet de la faim, d'un ciel inclément et
d'une discorde plus rigoureuse encore, est-
elle bien faite pour offrir au pinceau l'occasion d'exercer son talent? Des cadavres
livides étendus sur des poutrelles mal

jointes, la construction musculaire des êtres qui ne semblent leur survivre que parce qu'ils sont encore debout, les angoisses de quelques matelots à demi plongés dans l'eau saumâtre qui les ronge, sont-ils donc un sujet que l'on doive reproduire à nos regards et qui puisse captiver notre attention? J'y vois, tout au plus, matière à quelques savantes études... Mais le peintre a-t-il pu se flatter que les muscles âprement sentis et des attitudes dessinées avec un art qui n'en saurait couvrir la sécheresse, fissent surmonter le dégoût résultant d'une uniformité accablante de teintes, de formes, de gestes et, jusqu'à un certain point, d'expressions, puisqu'elles sont toutes d'une seule et même douleur? Aussi ne nous a-t-il offert qu'un sombre camaïeu, où la mort semble avoir parqué des proies qu'on ne peut plus lui ravir.

» *Le moment choisi par l'artiste est précisément celui qu'il fallait éviter.* Il s'est décidé à représenter le radeau des naufragés de la *Méduse* après leur triste abandon dans des mers désertes; tandis qu'il avait le choix de nous les retracer ou quand la hache fatale tranche les câbles ou quand l'équipage d'un brick anglais vient à recueillir leur infortune. Certes, une de ces positions méritait la préférence de l'artiste, et son talent possédait tout ce qu'il fallait pour en tirer un parti d'autant meilleur que dans la première, de longues souffrances n'ayant pas imprimé leurs traces uniformes sur ses personnages, il eut pu mieux varier les expressions; et que dans l'autre, les marins du brick, qu'il eut mêlés avec ceux du radeau, *lui eussent fourni des contrastes et des oppositions toujours précieuses dans les tableaux de ce genre...* Nous ne doutons pas que mieux appliqué, le talent de M. Géricault n'honore un jour l'École française. *Des conseils irréfléchis auront égaré son pinceau* destiné aux grandes fabriques... Quant au coloris, nous désirons qu'il joigne aux qualités qu'il possède déjà, cette partie importante de son art; mais le *Naufrage de la Méduse* laisse encore la chose en problème. »

C'est ainsi que fut salué par la critique l'effort de génie qui venait de créer un chef-d'œuvre ! Tout serait à relever, à paraphraser dans ces pages invraisemblables de dédain et d'outrecuidance. On se demande dans quel bloc de glace était taillé celui que ne put échauffer ni émouvoir cette composition pleine de puissance et de jeunesse et qui contenait en elle tant de promesses qui ne devaient, hélas ! jamais être réalisées. Le plus triste c'est que le public partageait alors généralement l'opinion de ce critique, et que Géricault dut emporter son œuvre en Angleterre pour voir rendre justice à son talent. Le succès y fut grand, mais l'artiste était blessé au fond du cœur; un matin il alluma un réchaud s'étendit sur son lit attendant la mort libératrice; ce fut Charlet qui le sauva et évita ainsi une grande honte à son pays.

Quand Géricault revint en France il eut la douleur d'apprendre que décidément l'État ne voulait pas faire l'acquisition de son tableau. Puis il mourut. Dès qu'il sut que le chef-d'œuvre allait être vendu par la succession et que des acheteurs avaient proposé de le dépécer pour en exploiter les morceaux, le comte de Forbin, directeur des musées royaux, sollicita un crédit de quatre à cinq mille francs, pour lutter contre les enchères. Le tableau fut adjugé au prix de six mille cinq francs à M. Dreux d'Arcy qui le céda à M. de Forbin; celui-ci ayant dépassé le crédit qui lui avait été alloué, n'avait pas sur lui la somme nécessaire pour avancer les fonds et faire sortir le tableau de la salle des ventes!

Tel est le résumé de l'histoire de ce chef-d'œuvre indiscuté aujourd'hui, et qui maintenant est entré dans la gloire avec ce cortège d'honneur presque obligatoire, l'estime de quelques grands artistes, l'indifférence de la foule et le mépris des sots.

RUDE ET SON ÉLÈVE CHRISTOPHE

La saisissante statue qui est placée au cimetière Montmartre sur le tombeau de Godefroy Cavaignac porte sur sa plinthe l'inscription suivante : *Rude et Christophe son élève*. Il appartenait à un artiste de génie comme Rude de décerner la célébrité à un homme, rien qu'en révélant une collaboration dont tant d'autres eussent fait un secret.

Voici ce que Christophe, qui fut un digne élève de son maître, par la conscience et la patiente recherche de la perfection, racontait à propos de cette collaboration et la scène émouvante à laquelle elle donna lieu.

A la mort de Godefroy Cavaignac, ses amis organisèrent une souscription pour élever un monument à sa mémoire. C'était en 1847 ; la statue fut demandée à Rude qui offrit de la faire gratuitement. Pressé par d'autres travaux, Rude pria Christophe, l'un de ses élèves, pour qui il éprouvait une sympathie particulière, de l'aider dans cette œuvre qu'il tenait à livrer rapidement. On possédait un moulage du masque du défunt et Rude décida que la statue représenterait le cadavre de Cavaignac étendu sur la pierre, comme celui d'un soldat tombé sur le champ de bataille ; la plume et l'épée devaient symboliser la vie de l'écrivain polémiste.

On choisit pour modèle un brave homme du nom de Pittoz qui avait autrefois posé pour la figure du Tintoret de Léon Cogniet. C'était, par parenthèse un singulier homme que ce Pittoz; il avait ce qu'il appelait deux cordes à son arc. Quand il ne posait pas, il gagnait sa vie à tourner la roue chez un cloutier, c'est-à-dire à s'enfermer dans un cylindre grillé comme celui d'une cage d'écureuil, et à exécuter une besogne qui était généralement faite par un chien. Ensuite, il allait endosser quelque costume historique, et nous devons à Pittoz bien des statues et des peintures de grands hommes du passé.

Donc, Pittoz alla chez Rude, s'étendit tout de son long sur une planche et « posa » le Cavaignac. Le *nu* terminé par Christophe, Rude examina le travail, retoucha l'épaule, mit quelques accents et substitua le masque de Godefroy Cavaignac à la tête du modèle; prenant ensuite un drap de lit et l'ayant mouillé, il l'étendit sur la terre glaise; Christophe reprit l'ébauchoir et, en 1848, le modèle était fondu.

On voulut d'abord déposer le bronze au Panthéon, puis un jour l'oubli, « second linceul des morts », tomba sur la statue et aussi sur le statuaire. Marrast seul, arrivé aux affaires, se souvint de l'acte de générosité de Rude et le lui témoigna par une importante commande.

Jusqu'en 1853, le tombeau resta dans le coin d'un petit atelier. Vers la fin d'un jour d'été, un homme brun, sévère, à l'air militaire, fit passer sa carte à M. Rude ; le statuaire y lut : *Eugène Cavaignac.* C'était le général qui demandait à voir la statue de son frère. Rude lui ouvrit la porte du petit atelier et l'accompagna avec Christophe jusqu'au tombeau.

— Ne pourrais-je rester là quelques instants ? demanda le général.

Le maître et l'élève se retirèrent discrètement dans l'obscurité du fond de l'atelier. Le général, qui probablement se croyait seul, fit quelques pas vers la statue et retira son chapeau. Il regarda longtemps, sans changer de place, le cadavre de bronze; au bout de quelques minutes il passa la main sur son front comme un homme qui prend une résolution, puis, s'avançant encore plus près, il pencha son visage sur celui de la statue, le regardant de très près, et lentement sa main hésitante monta à celle de son frère; il la retira presque aussitôt; le froid du métal l'avait probablement surpris.

Sans dire un mot, le général se redressa, regarda encore fixement le visage de bronze, mit son chapeau et partit sans voir les deux statuaires qui étaient restés dans l'obscurité; il avait la main appuyée sur sa poitrine, comme un homme qui cherche à sentir les battements de son cœur.

Toute cette scène nous a été racontée par Christophe, et nous ne faisons guère que copier des notes prises un instant après avoir entendu son récit. Nous avons cru intéressant de les reproduire aujourd'hui que le dernier personnage présent à cette scène vient de partir pour aller retrouver ce maître qui, en associant son nom au sien, a mis ainsi une glorieuse palme sur le tombeau de son élève.

L.-G. PELOUSE

Ce n'est que par la vue de l'ensemble de l'œuvre d'un peintre qu'il est permis de juger de sa réelle valeur et de l'importance qu'il doit prendre dans l'histoire de l'art de son temps. Un hasard heureux, d'à-propos ou d'exécution, peut attirer tout d'un coup l'attention du public, il faut toute une suite d'œuvres réussies pour la conserver. Aussi la réunion des ouvrages d'un artiste doit-elle seule donner l'impression réelle de la place qui lui est due; elle est comme le chiffre du total de l'addition de sa vie. Que de désillusions nous ont causé des expositions posthumes dont l'effet était de nous démontrer que tel ou tel tableau à succès n'était qu'un accident dans la vie du peintre, et non le résultat de son véritable tempérament.

S'il est des artistes qui perdent à voir réunir leurs œuvres, il en est qui ne peuvent qu'y gagner, ce sont ceux qui doués d'une personnalité native, sans influence d'école ni esprit d'imitation, ont, rejetant toute préoccupation mercantile de succès, aimé naïvement la nature, et l'ont rendue avec les seuls moyens que leur fournissait leur instinct. Tel est le cas d'un peintre dont l'œuvre éparse dans les musées et dans les collections, a été réunie en une exposition à l'École des beaux arts et qui a été pour beaucoup comme la révélation de son talent.

Non pas que le nom de Pelouse soit celui d'un inconnu, il s'en faut, et les regrets témoignés au lendemain de sa mort sont là pour le prouver; mais dédaigneux de toute église, tranchons le mot, de toute réclame, Pelouse s'est contenté de consacrer sa vie à produire, se disant que les amis de l'art seraient là pour s'occuper de sa réputation quand lui n'y serait plus.

C'est que l'homme était chez Pelouse à la hauteur de l'artiste, qu'il pressentait vaguement que la vie serait brève pour lui, et qu'il ne voulait quitter ces champs, ces campagnes, ces forêts, ces prés fleuris, que quand il aurait essayé de transmettre par ses toiles, l'amour et l'admiration qu'ils lui inspiraient. Aussi, infatigable travailleur, doué d'une prodigieuse facilité, trop grande peut-être, a-t-il produit ces nombreux tableaux, ces études, ces croquis que le grand public a pu juger seulement à partir d'aujourd'hui.

Avant d'aller plus loin, je rappellerai les paroles d'adieu suprême que son ami,

M. Bouguereau, a dites aux obsèques du peintre :

« Ses toiles ont ce parfum que l'étude de la nature seule peut donner; admirablement dessinées, d'une couleur à la fois fine et puissante, elles abondent en détails délicieux qui ne nuisent en rien à la grandeur de l'ensemble. L'exubérance des verdures, la délicatesse des branchages et les formes fantasques des broussailles y sont vues d'un œil de poète et peintes de main de maître.

» J'aurais aimé à énumérer, une à une, pour la triste satisfaction d'y songer ici avec vous, les œuvres brillantes qui se sont suivies dans nos expositions : *Les Sangliers d'Arcier* et *un Coin de Cernay* qui suffiraient pour consacrer à jamais sa renommée.

» Messieurs, après avoir parlé de l'artiste, permettez-moi de vous parler de l'homme. Quelle nature franche loyale et gaie! Comme on se sentait heureux d'être auprès de lui.

Quelle verve intarissable, quel esprit fin, quelle bienveillance et quelle bonté ! Ses élèves qui vécurent à côté de lui à la campagne, peuvent dire ce que ce cœur renfermait de trésors. Et, aux heures difficiles, que son amitié fidèle, fut bonne et consolante ! Son âme sensible s'indignait des injustices. Avec quelle reconnaissance il chérissait le souvenir des moindres services que d'autres avaient pu lui rendre ! »

Si j'ai cité ces lignes touchantes, c'est qu'elles ne renferment pas seulement l'hommage d'un maître à un artiste, c'est qu'elles résument complètement et en peu de mots, les qualités dominantes de l'homme dont l'œuvre nous occupe.

Pelouse est né en 1838, dans une famille peu aisée qui le destina tout d'abord au commerce. Chose singulière, ce fut dans une maison de draperie qu'il fut placé, tout comme Corot le fut dans sa jeunesse. Pas plus que lui d'ailleurs, le négoce ne l'attira et il dut, comme son illustre confrère, avoir beaucoup à souffrir de cette captivité d'esprit et de corps qui lui était imposée. Ainsi que Corot, il témoigna de bonne heure des dispositions pour l'art auquel il devait vouer sa vie, mais, comme lui aussi, il lui fallut voir passer bien des années avant de pouvoir, loin de Paris, loin de ses rues remuantes et bruyantes, s'asseoir tranquillement devant un chevalet au milieu des bois, n'ayant l'œil distrait que par le balancement d'une branche chargée de feuillage, ou l'oreille éveillée par le bruit de l'aile d'un oiseau qui s'envole.

Ce ne fut, en effet, qu'à l'âge de vingt-sept ans qu'il put, sans avoir suivi aucun atelier, l'école d'aucun maître, produire librement, et réaliser ces rêves de soleils couchants, d'arbres aux énergiques structures, de plaines, de landes mystérieuses, de longues et humides cavées, qui peuplaient son esprit de poète.

Quand je dis que Pelouse n'avait point eu de maître, je me trompe, car il reçut les conseils et resta un instant sous la direction d'un statuaire, M. Le Bourg, élève de Rude. La sculpture qui ne vit que de formes précises, de plans franchement établis, de lignes où l'indécision n'est pas permise, donna probablement à Pelouse l'habitude de la netteté et de la correction, en lui démontrant la nécessité de la clarté dans l'exécution. C'est peut-être à elle qu'il est en partie redevable de la façon dont sont construits ces arbres aux puissantes et enchevêtrées ramures, de l'accent avec lequel sont indiqués chaque plan de son tableau.

Le choix du motif, de l'heure où il se trouvait sous la lumière la plus favorable, étaient ses principales préoccupations ; une fois ces deux points bien déterminés, Pelouse se mettait à l'œuvre et avec quel courage, quelle activité! Doué d'une prodigieuse habileté, il avait couvert une toile en moins de temps que d'autres n'en mettent à s'intaller à leur chevalet. C'était merveille de le voir, oubliant tout autour de lui, entrant pour ainsi dire dans son tableau, y répandre partout la vie, peignant, c'est le vrai mot, sous la dictée de la nature.

Sans vouloir établir de comparaison entre lui et nos grands maîtres du paysage moderne, les Corot, les Daubigny, les Français, il faut dire que, de par l'émotion ressentie en présence des bois, des coteaux, des plaines et de leurs mystérieuses beautés, Pelouse peut prendre place à leurs côtés. Chacun d'eux a vu la nature à sa façon, aucun ne l'a représentée de la même manière, mais tous l'ont aimée et cela a suffi pour en faire des peintres incomparables. Comme à eux, toutes proportions gardées, elle lui avait communiqué cette jeunesse, cette facilité d'émotion, et je dirai presque cette naïveté qu'elle sait imprimer dans l'âme de ceux qui viennent confondre leur vie dans la sienne.

L'impression dominante, quand on envisage le talent de Pelouse, c'est non seulement cette habileté qu'on lui a reprochée, mais son extrême fécondité ; il ne fut pas, je crois, de producteur plus acharné à créer, d'esprit plus facile à concevoir, de main plus rapide à exécuter. Rien ne pouvait le détacher du tableau commencé, et ses amis racontent que faisant une étude de neige à Cernay en 1872, il passa une partie de la journée sans songer un instant au froid terrible qui l'enveloppait et qui gelait autour de lui des chênes centenaires. Le lendemain il apprenait par les journaux que le thermomètre était descendu à 14 degrés au-dessous de zéro !

Cette ténacité dans le travail, cet « emballement » pour me servir d'un terme d'atelier,

Pelouse ne le ressentait pas seulement pour des œuvres personnelles, il l'éprouvait aussi dans la générosité de sa nature, pour celles que lui apportaient ses élèves.

— Que de charmantes scènes de comédie, j'ai vu jouer dans son atelier et à la campagne! me disait dernièrement un de ses meilleurs amis. On voyait arriver près de lui, un à un, ses élèves, apportant, qui une étude, qui un tableau destiné au Salon. Pelouse examinait l'œuvre, faisait des observations, disait à l'élève de reprendre tel ou tel morceau devant lui. Le plus souvent, celui-ci se faisant plus maladroit qu'il n'était réellement, posait une malencontreuse retouche sur la partie critiquée. Pelouse bouillonnait, s'impatientait, puis, peu à peu, faisait lever le commençant et, finalement, s'installait sur son siège, devant son chevalet. C'était tout ce que demandait l'élève qui, par-dessus l'épaule du maître, regardait son tableau se transformer. A partir de ce moment, Pelouse oubliait toutes ses préoccupations personnelles, il s'absorbait dans l'œuvre d'un autre, s'enflammait, modifiait, trouvait, apportait ses souvenirs propres, les ressources de son expérience sur cette toile insignifiante tout à l'heure et qu'il ne rendait que pleine de relief et de chaleur. Jamais Pelouse ne comptait avec ces généreuses dépenses de son talent, il le prodiguait à toute heure et à tous, sachant bien que la nature nous tient toujours compte de ce que nous avons dépensé.

On devine facilement ce qu'un caractère comme le sien avait attiré de sympathies à notre vaillant artiste et si, hélas! on a abusé de ce que donnait si facilement cette main toujours ouverte. Qu'on ne prenne pourtant pas ces élans pour des marques d'irréflexion, les expansions involontaires d'un tempérament de premier mouvement. Loin de là, Pelouse devinait tout, mais il avait beaucoup souffert de la vie, et comme son cœur était haut placé, il avait gardé de ses souffrances un souvenir qui le rendait bon ; son caractère avait contracté une douce philosophie là où les âmes faibles ne prennent qu'amertume et misanthropie. Très gai, très accessible, il avait une grande bienveillance pour tous, sans banalité cependant, aimant et défendant le beau et le bien en toutes circonstances, n'ayant qu'un léger hochement de tête, un petit haussement d'épaule pour tout acte douteux, et regardant le mal avec une sorte d'étonnement.

Pendant que Pelouse, toujours produisant, toujours souriant, ne songeait qu'à son art et peignait sans relâche, la nature qu'il aimait tant cependant, détruisait peu à peu, comme elle détruit tout ce qu'elle fait, un corps qui n'avait jamais compté avec le devoir ni la fatigue. Par un travail imperceptible mais incessant, elle minait la matière, mais sans pouvoir toucher à l'intelligence. Poursuivi par une maladie chronique, prise très probablement au milieu de ces ombrages humides, de ces terres mouillées où le conduisaient ses études, Pelouse, tout en constatant son mal, ne quittait pas ses pinceaux. Il luttait, fort par sa volonté, et comme on peut le constater, il n'eut pas la douleur, si cruelle pour un artiste, d'assister à sa déchéance; oubliant par le travail, la fin inévitable dont chaque jour le rapprochait, il produisait avec autant de verve qu'aux meilleurs jours de sa jeunesse. Le grand paysage pris aux environs de Jumièges, et qu'il terminait pour l'Hôtel de Ville, devait être sa dernière œuvre.

Quoiqu'il ne se plaignit jamais, Pelouse, vaincu, dût un jour s'arrêter; il mourut en stoïcien, défiant de sa philosophie le mal qui tuait son corps. Ne pouvant plus parler et ne voulant pas attrister ceux qui l'entouraient par les ombres de la mort qui planaient déjà sur son visage, il trouvait moyen de l'éclairer d'un sourire, qui voulait dire : vous voyez, il n'y a rien de triste, je suis encore là, puisque je vous souris ; est-ce donc si difficile de mourir !

Certes, bien d'autres peintres que Pelouse ont aimé la nature et su rendre fidèlement l'émotion ressentie devant elle, mais nul ne l'a plus cherchée, plus respectée que l'artiste dont nous venons de résumer la vie en ces quelques lignes. Ému involontairement par la majesté des spectacles qu'il allait demander à ses solitudes aimées, il ne se trouvait jamais devant les aspects grandioses des champs ou des forêts, sans ressentir ce que les dévôts sincères éprouvent en entrant dans une église. — Quand il était à la campagne, nous disait un de ses élèves, et qu'il nous montrait un site, un motif à étudier et à admirer, il devenait subitement un tout autre homme ; lui, gai, bruyant, expansif il n'y a qu'un instant, se recueillait et parlait plus bas.

Pelouse « parlait plus bas » devant la nature! Cela ne dit-il pas mille fois mieux que tout ce qu'on écrirait, la valeur de l'artiste dont nous venons d'essayer de rappeler la personnalité.

ANTONIN MERCIÉ

Le « père Ingres » comme il a été appelé toute sa vie, et comme on l'appelle encore aujourd'hui, professait, sinon du mépris, du moins un peu de dédain pour la sculpture. « La belle affaire, disait-il un jour à Duret, de représenter une bosse par une bosse, un trou par un trou ! Il ne s'agit que d'établir la proportion des bosses et des trous. Voilà tout ! tandis que lorsqu'on veut peindre, il faut rendre ce qu'on voit par des lignes droites ou courbes, des artifices, une science profonde ! »

Duret, qui n'était pas l'homme de la

réplique, demeura atterré devant cette brusque sortie. Pourtant, avant de quitter Ingres (la scène se passait dans la cour de l'Institut où tous deux demeuraient), Duret lança un : « Mais alors la peinture n'est qu'un art de convention, puisqu'il faut tant de combinaisons pour mettre le public dedans !... — Un art de convention ! s'écria Ingres, le visage empourpré, pourquoi ne dites-vous pas un art faux ?..., puis, se retournant, indigné : mais c'est votre toupet qui est faux ! »

A la vérité, Duret portait perruque, mais la constatation de cette particularité surgissait bien inattendue dans le débat. Les deux grands artistes se quittèrent ainsi, ce jour-là, le père Ingres en grommelant : « Un art faux !... un art faux !... » et Duret murmurant avec indignation : « Des bosses !... des trous !... des trous !... des bosses !... »

C'est Horace Vernet qui nous a transmis ce récit d'une discussion lointaine.

Tous deux, le grand peintre et le charmant sculpteur avaient tort et raison à la fois. Le statuaire qui se sera contenté de reproduire saillies pour saillies, en n'ayant d'autre souci que de les modeler dans de justes proportions, n'aura jamais fait qu'une copie, quelle que soit la justesse de son œil, comme le peintre le plus savant n'aura produit œuvre qui vaille, s'il s'est contenté de la fidélité des raccourcis et des silhouettes. Tout le monde peut, sans doute, reproduire à une échelle donnée, une forme avec de la terre glaise, plus facilement qu'il n'en tracera le dessin, mais cette facilité sera bien vite arrêtée à un point commun pour le statuaire et pour le peintre : à ce point où l'artiste commence.

Évidemment, le tempérament du peintre et celui du sculpteur, dont les moyens sont tout autres, ne peut être le même. Je ne puis pourtant accorder l'incompatibilité des deux arts. La sculpture, à la vérité, vit plus de précision que la peinture, et les belles ébauches, les grandes fantaisies à la Delacroix s'accommoderaient mal du marbre, de la glaise ou du bronze : « le marbre ne rit pas, écrit Diderot, le crayon est plus libertin que le pinceau, et le pinceau plus libertin que le ciseau. La sculpture suppose un enthousiasme plus opiniâtre et plus profond. C'est une muse violente, mais silencieuse et secrète. Une légère incorrection de dessin qu'on daignerait à peine apercevoir dans un tableau est impardonnable dans une statue. »

Tout cela est juste, mais un peu à côté de la question, et les artistes de la Renaissance qui étaient à la fois peintres, architectes, statuaires, ornemanistes, poètes et savants, auraient eu bien de la peine à découvrir le point de division des arts. Pour eux, un cerveau bien installé, bien équilibré, devait être ce microcosme qui contient une case pour toutes les impressions et toutes les expressions de l'âme humaine. Léonard de

Vinci, Michel-Ange et tant d'autres, n'ont pas compris autrement l'artiste, et quand leur pensée entrait en travail, peu leur importait le moule dans lequel elle tomberait, l'instrument qui devrait la traduire, que ce fût un pinceau, un ciseau, une plume ou un compas.

Je ne voudrais point me perdre dans des considérations esthétiques alors qu'il ne s'agit que de définir le rôle et la personnalité artistique d'un grand statuaire moderne, d'Antonin Mercié qui, lui aussi, fut peintre avant d'être sculpteur. Ce que j'ai tenu à établir, c'est qu'il est rare de voir l'artiste véritable se spécialiser et ne pas demander instinctivement à un autre art que le sien une explication, peut-être aussi un moyen d'expression pour le compléter.

Nous avons dit qu'Antonin Mercié avait commencé par être peintre; il suffit de se rappeler sa *Léda, Michel-Ange étudiant l'ana-*

tomie, la *Première étape*, *Après l'enterrement*, *Dalila*, le *Portrait de madame A. M.*, *Vénus*, le *Sang de Vénus*, pour sentir qu'un jour il a dû certainement éprouver le tourment du doute, alors qu'il avait à choisir entre les deux carrières qui s'ouvraient devant lui. Il se tourna vers la sculpture, et c'est un grand bien pour la statuaire française qui trouve en lui non seulement un disciple de ses traditions de grandeur, de précision et d'ingéniosité, mais, de plus, un poète qui a écrit dans le marbre les poèmes les plus beaux et les plus émouvants sur les héros, les hauts faits et les grands hommes de son temps.

Le statuaire m'attire et je n'ai parlé de la peinture de Mercié que pour faire remarquer qu'elle fut d'abord sa langue de prédilection, celle dans laquelle il pense encore avant de formuler, et que l'étude de ce petit chef-d'œuvre d'élégance : *David après le combat*, fut une peinture.

Chemin faisant, qu'il me soit permis de protester moi-même contre cette illogique association de mots : « petit chef-d'œuvre » qu'on retrouve un peu partout aujourd'hui. C'est d'une opinion exagérée ou d'un tempérament craintif apporté à une opinion qu'est né le « petit chef-d'œuvre ». Non, il n'y a pas de petit chef-d'œuvre ; un chef-d'œuvre est ou n'est pas. Si l'on admettait le petit chef-d'œuvre, il faudrait donner droit de cité au grand et au moyen chef-d'œuvre, ce qui serait le comble du ridicule ; un qualificatif suffit pour préciser : qu'on dise : un chef-d'œuvre de grandeur, d'esprit, de charme, personne n'en demandera davantage, on saura qu'on a affaire à un chef-d'œuvre, et on l'admirera comme il le faut, que ce soit le bas-relief de Rude, *Phèdre* ou *les Deux Pigeons*. L'éléphant est un chef-d'œuvre, mais la rose en est un autre et, devant l'absolue vérité, l'un n'est pas moins un chef-d'œuvre que l'autre. Celui qui a fait la plume de l'aile du colibri, y a mis autant de soin, de grandeur, de conception, que pour pétrir une planète ou semer la voie lactée, et l'injure la plus grande qu'on pourrait lui faire, serait de mesurer son génie au mètre. Le chef-d'œuvre, c'est la relation, la proportion de toutes les parties d'une belle conception, et la *Vénus de Milo*, haute de dix centimètres, sera un aussi grand chef-d'œuvre que celle du Louvre, tandis que certaines statues malgré leurs dimensions colossales seront condamnées à n'être que de simples statuettes.

L'ensemble des productions d'Antonin Mercié est considérable, et leur nombre n'est pas un des moindres étonnements de ceux qui admirent le fini, la conscience de l'exécution de chacun des morceaux qu'il a empreints de sa personnalité.

Celui qui devait nous donner cet immortel trophée dressé à d'immortels vaincus : *Gloria victis!* est né à Toulouse le 30 octobre 1845.

Il appartenait à une famille d'industriels qui rêva un instant de le faire bonnetier; l'enfant ne se sentant pas apte à jouer les Jérôme Paturot dans la vie, on pensa que la carrosserie lui sourirait davantage; la forge le laissa froid et l'on dut renoncer à l'espoir de lui voir résoudre le problème du ressort le plus fort, le plus élastique et à la fois le plus léger. Que faire de ce petit garçon? Sa rage était de dessiner; on le mit chez un ornemaniste sculpteur en chaises ou fauteuils. Cette fois, la feuille d'acanthe et ses dérivés firent merveille, et l'apprenti montra une dextérité, un goût, qui appelèrent l'attention sur lui. Son père, tout fier de ce premier succès, commença à entrevoir que le petit Antonin était fait pour produire autre chose que des roues de berline ou des bonnets de coton. C'est alors qu'un grand artiste, compatriote de Mercié, Falguière, leva tous les doutes qui pouvaient contrarier cette vocation naissante. Il engagea vivement les parents de Mercié à l'envoyer à Paris qui pouvait seul fournir à son esprit les aliments nécessaires. Et, comme Falguière faisait remarquer que les premières années seraient dures : « Je lui donnerai jusqu'à mon dernier sou ! » dit simplement le père ; et l'enfant partit.

* *
*

Je ne sais si Mercié reçut de sa ville natale ce secours toujours insuffisant que les municipalités de province octroient à ceux de leurs jeunes administrés qui témoignent d'une vocation artistique. Le plus souvent, il faut le dire, ces pensions plus que modestes et qui ne permettent guère à ceux qui les reçoivent que de s'endetter, semblent moins un don destiné à faire vivre un jeune artiste que l'en-cas d'une revendication de sa gloire, s'il meurt célèbre.

Toujours est-il que voilà enfin Mercié à

Paris, sans grandes ressources, mais dans l'atelier de Jouffroy et dans celui de Falguière; je devrais ajouter : travaillant de son mieux, mais la vérité, c'est qu'il y avait en Mercié plutôt un rêveur qu'un « piocheur » acharné.

Notre statuaire était surtout un poète; son œuvre le prouve surabondamment. Pendant que d'autres se fatiguaient à modeler des torses, à étudier l'anatomie dans des livres, lui, tranquille, dormant tard, se couchant tôt, passait la meilleure partie de son temps dans une inactivité apparente. Un travail inconscient se faisait en lui, et c'est, pour ainsi dire, rien qu'en respirant l'air du Louvre, des musées, de la ville, qu'il s'assimilait les parcelles d'art qui y flottent en suspension, comme les grains de poussière dans un rayon de soleil.

Un beau jour de l'année 1866, il fallut cependant se résigner à faire comme les autres ; le concours d'esquisse pour le prix de Rome était ouvert. — « Si je me lève, dit Mercié à un ami qui venait le stimuler, je crois bien que je serai admis ! »

Mercié se leva, concourut, fut reçu et remporta le prix de Rome.

A partir de ce jour, le statuaire entre dans une voie d'inspiration féconde ; dans le dénombrement de ses œuvres, je trouve, par ordre de date, ou à peu près : un médaillon exposé en 1868 sous le titre de *Mademoiselle C...* puis *Dalila*, buste en bronze (1872), *David après le combat* (1872), le charmant bas-relief en bronze : *le Loup, la Mère et l'Enfant* (1872) et cet éclair de génie : *Gloria victis !* qui brillera sur la vie entière de l'artiste. Ce beau cri poussé après nos défaites, cette sublime apothéose, cette exécution inspirée et irréprochable, avaient consacré à jamais le nom d'Antonin Mercié, comme celui d'un véritable patriote et d'un grand statuaire.

Le succès d'acclamation qui accueillit ce groupe ne le grisa pas ; il ne prit pas alors ce temps de repos après la victoire qui est une marque de faiblesse et dans lequel ont sombré tant d'artistes qui n'ont laissé qu'une œuvre ; voici un bronze exquis : *David avant le combat* (1876), *Fleurs de Mai*, ce marbre charmant (1876), cette délicate statuette : *Junon vaincue* (1877), la *Statue d'Arago* pour Perpignan, avec bas-reliefs (1879), le *Tombeau de Michelet*, au Père-Lachaise (1879), le marbre de la *Judith* (1880), le superbe groupe *Quand même !* pour Belfort (1880), la *Statue de Thiers* (1880) le *Tombeau de Louis-Philippe et de la reine Amélie* (1880), le *Souvenir*, ce beau marbre pour le tombeau de madame C... T... ; le *Génie pleurant* (1887), ce chef-d'œuvre de sentiment et de douleur, modelé pour le tombeau de son ami Cot.

Je cite un peu de souvenir, et sans trop préciser les dates ; après avoir obtenu une médaille de première classe en 1872, la croix de chevalier de la Légion d'honneur, la médaille d'honneur en 1874 et en 1878 (Exposition universelle), il est promu officier de la Légion d'honneur en 1879, il obtient de l'Institut, en 1887, le prix biennal de vingt mille francs et eut certainement reçu une autre médaille d'honneur si de mesquines considérations politiques n'avaient empêché de récompenser comme il le méritait l'artiste qui avait fait cet autre chef-d'œuvre : le *Tombeau du roi Louis-Philippe*.

Je veux signaler encore, outre une suite de bustes de premier ordre, comme ceux de *Bersot*, pour la Sorbonne, de *M. Hayem*, de la *Petite fille de Gérôme*, de *Marie-Antoinette*, les tombeaux de l'*Amiral Courbet*, de *Thiers*, de *Zariffi*, de *Baudry*, un *saint Eloi*, un grand bas-relief pour la Sorbonne, et j'aurai à peine énuméré une partie de l'œuvre de ce surprenant travailleur dont l'inspiration n'a pas faibli un instant. Je mentionnerai pourtant encore la belle copie de l'*Enfant au Masque*, son envoi de première année, les copies, pour M. Thiers, du *Jonas*, de *Raphaël* et du *Faune de Praxitèle*.

A propos de cette dernière œuvre, je trouve dans une collection d'autographes, une lettre de M. Thiers qui prouve que déjà en 1874, comme aujourd'hui, Antonin Mercié était un peu négligent de ses affaires et aussi que M. Thiers, traité si dédaigneusement de « bourgeois » par des « bourgeois » bien plus « bourgeois » que lui n'était pas si « bourgeois » qu'on voulait le dire ; je copie :

Paris, 14 février 1874.

Monsieur,

Sans avis de vous, j'ai reçu la copie du *Faune de Praxitèle*. Ce défaut d'avertissement a failli nuire à votre envoi, car la caisse a été ouverte ; mais l'emballage avait été bien fait et aucun dommage n'est résulté de la visite et du transbordement. J'ai trouvé votre copie excellente et reproduisant bien, outre la grâce, le naturel de la pose, la beauté idéale du dessin, l'extrême finesse du modelé de l'original. Je vous en fais donc mon sincère compliment et vous prie de m'envoyer le compte de ce que je vous dois pour que je puisse m'acquitter envers vous.

Recevez mes compliments les plus affectueux.

A. THIERS.

Faubourg Saint-Honoré, 45.

*
* *

J'ai retardé à dessein le moment de parler de l'une des dernières et des meilleures productions d'Antonin Mercié, la statue de *Victor Massé* que la ville de Lorient a inaugurée solennellement sur sa plus belle promenade. C'est à l'occasion de cette œuvre, que j'ai pu connaître plus intimement Mercié, que j'ai été à même de l'étudier, de l'apprécier mieux encore. Celui à qui était décerné par l'État, par sa ville natale, l'honneur d'avoir sa statue, me touchait de trop près pour que je n'eusse pas voulu suivre, presque jour par jour, le travail du sculpteur qui allait contresigner le brevet de sa gloire.

Pour l'inconnu qui va le visiter ou qui le rencontre dans le monde, Antonin Mercié n'est qu'un homme correct, aux cheveux noirs plaqués sur le front, à l'air un peu indécis et froid, parlant le moins possible et se dérobant derrière un sourire aimable et évasif. Il écoute avec attention et répond avec une certaine hésitation ; toujours courtois, bienveillant, il est absolument fermé pour celui qui n'a pas le : « Sésame, ouvre toi ! » de son esprit ou de son cœur.

Ce « Schibboleth » qui livrera Mercié tout entier, c'est le mot « Art ». Dès qu'il est prononcé, le personnage presque glacial qu'on avait devant soi, se transforme ; l'œil, un peu couvert, s'agrandit et darde un regard noir et chaud qui vous pénètre ; les mots, qui arrivaient indécis sur ses lèvres, prennent un nouvel accent ; le visage s'épanouit;

le statuaire, le peintre, le poète viennent de se révéler. Alors on possède Mercié tout entier, le livre fermé s'est ouvert et on peut y lire librement la profession de foi, les hautes visées, les belles conceptions, les rêves grandioses de l'artiste. C'est tantôt un statuaire grec amoureux de la forme, qui vous parle, tantôt un éclectique tombé en admiration devant les splendides élégances de la Renaissance, la grandeur du xviie siècle, le charme exquis du xviiie, les mâles beautés de Rude et les grandes œuvres de notre temps. Nulle passion, nul parti pris; comme il l'avoue, il va admirant le beau où il se trouve, même chez les desservants d'écoles que son tempérament repousse ; à ceux qui lui reprochent sa facilité à l'indulgence, il répond simplement : « Que voulez-vous, j'aime dans les autres les qualités que je n'ai pas ! »

Antonin Mercié, sorti de ces discussions qui l'éveillent et lui font rompre le silence dans lequel se plaît sa rêverie, reprend son allure de distrait, d'homme préoccupé qu'il est. — « En voilà un qui n'est jamais seul, même et surtout quand il n'a personne avec lui ! » disait dernièrement un de ses amis. Et c'est en effet le travail incessant, l'incubation de mille projets par lesquels il est dominé qui le font vivre, pour le plus souvent, au dedans de son cerveau ; tout y est appelé, concentré, toutes les énergies intellectuelles s'y réunissent pour se féconder et mûrir, jusqu'au moment où l'éclosion d'une nouvelle œuvre vient en annoncer la détente.

Tout entier à sa pensée, Mercié ne craint pas l'importun d'atelier ; isolé du monde, il pétrit sa boulette de terre glaise, cherche un mouvement, un éclairage, et ignore absolument qu'il y a près de lui un inutile. Parfois cependant et machinalement, il murmure sourdement quelques syllabes pour laisser penser qu'il écoute, mais il n'a entendu ni la question qu'on lui a adressée, ni la réponse qu'il y a faite. Tout cela en fumant sa cigarette, en penchant la tête sur l'épaule, en fronçant le nez, en clignant de l'œil, se reculant et se rapprochant de sa maquette pour mieux en juger l'effet ; tellement absorbé par l'idée qu'il poursuit que, au bout de deux heures, se heurtant contre l'importun, il lui dit, avec un sourire étonné : « Tiens, vous étiez là ! »

Sans parler des autres dons naturels du statuaire, une des qualités maîtresses de Mercié, c'est la sagesse, le tact qu'il apporte jusque dans les moindres détails de son œuvre. Nul ne sait comme lui, par exemple, faire revêtir à ses héros le costume moderne, et, là où bien des statuaires se sont efforcés par des plis, des coups de vent de leur invention, à confectionner des pantalons, des gilets et des redingotes ridicules, il arrive à produire des effets d'élégance, de ligne, rien que par l'expression de la vérité. Quel statuaire n'eut échoué devant le costume de Louis-Philippe, sa coiffure, ses favoris! De cet amas de difficultés il est sorti une des compositions les plus émouvantes du maître.

Ayant à exécuter en bronze la statue de Victor Massé, Antonin Mercié se recueillit, hésita longtemps avant de se mettre au travail. Enfin un jour il se décida : « Ce n'est pas un bronze, nous dit-il, qu'il faut faire à celui qui a écrit *Paul et Virginie, Galathée, les Noces de Jeannette, Fior d'Aliza, les Saisons,* c'est un marbre ; il faut le jour, la chaleur de la lumière dans un corps comme celui-là ; il faut rendre le charme en même temps que la grandeur de ses œuvres ; il faut qu'un rayon de soleil puisse le pénétrer. Massé n'est ni un homme de guerre, ni un violent, c'est avant tout un artiste de pureté, d'élégance et de simplicité : un lumineux ; il lui faut le marbre, je le répète ; donnez si vous voulez, un bronze à Juvénal, à Dante, mais pour Raphaël, pour Virgile, c'est le marbre qu'il leur faut. »

C'est justement par cette statue de Victor Massé que Mercié a prouvé une fois de plus combien le tact et l'esprit tenaient de place dans le grand art. Que d'artistes, ayant à faire la statue d'un compositeur, se fussent empressés de le draper dans l'inévitable manteau, de lui mettre la banalité sous forme d'une lyre dans les mains, pour bien souligner au public qu'il avait un musicien devant lui ! combien aussi, ayant à symboliser l'œuvre du maître, n'eussent produit qu'une sorte de rébus en marbre ! Mercié s'est contenté de représenter Massé dans ses habits de travail, tel qu'il était, tels qu'ils étaient ; le compositeur étend la main, penche la tête et prête l'oreille aux harmonies de la nature. Il écoute le vent dans les blés, un oiseau qui chante, une vague qui meurt à ses pieds, et la statue est vivante, et le chantre les *Saisons*, des *Noces de Jeannette*, et de *Paul et Virginie* renaît pour ceux d'aujourd'hui et pour ceux de demain.

Je m'arrête : ce que j'ai voulu prouver, c'est qu'un grand artiste pèse et discute tout avec lui-même, et que son génie est toujours tributaire de sa raison et de son bon sens.

Est-il nécessaire d'ajouter qu'Antonin Mercié, artiste dans le sens absolu du mot, n'est pas doublé de ce second homme, l'homme d'affaires qui prend tant de place aujourd'hui, aussi bien chez les peintres, les sculpteurs et les musiciens que chez les littérateurs ; à ce point qu'il peut arriver à tout le monde, après s'être entretenu avec un monsieur dans un salon, de se demander : « Quel est donc ce financier retors avec qui je viens de causer? » alors que c'était un poète, un peintre ou un auteur dramatique. Peut-être Mercié pousse-t-il un peu trop loin cette indifférence pour ce qu'on appelle ses « intérêts ». Ses amis certifieront cette opinion; Chapu et Baudry, s'ils vivaient encore, Falguière qui est heureusement de ce monde, pourraient dire si j'exagère le dédain qu'il ressent pour le produit matériel de ses œuvres.

Nous avons dit, au commencement de cette notice, que l'autorité de Falguière avait déterminé la famille de Mercié à le lancer dans la carrière qui l'a illustré. Est-il utile d'ajouter qu'une étroite et déférente intimité les unit bientôt l'un à l'autre, que jamais cette amitié ne s'est démentie, et que des collaborations (chose assez rare en sculpture) sont venues comme pour la solidifier encore.

A ce propos, une simple observation.

Incontestablement, de l'association de deux hommes de talent il ne peut sortir qu'une œuvre de valeur, mais l'art pur s'accommode-t-il toujours de ces collaborations? Quand deux artistes, qui ont chacun leur personnalité, les confondent, ne les effacent-ils pas quelque peu, et ne vaut-il pas mieux leur demander séparément des œuvres qui, pour être moins pondérées et moins discutées, seront plus profondément empreintes des qualités et même des défauts qui leur sont essentiels?

Hâtons-nous de constater que dans les très rares et très heureuses collaborations d'Antonin Mercié, l'artiste est resté lui-même et qu'on peut le retrouver encore dans ces travaux de commune amitié, ainsi qu'il arrive dans ces tableaux de maîtres, sans que ni lui ni ses associés en art aient dépouillé leur originalité.

J'arrive à la fin de cette étude, plus développée et moins complète que je n'eusse voulu ; mais le sujet était tentant, et il en est du voyage autour d'une intelligence comme d'une promenade dans un grand parc ; tant de points de vue nouveaux, tant de belles échappées s'offrent, chemin faisant, à nos regards, que l'on est bien un peu obligé de dévier tantôt à droite, tantôt à gauche et de revenir sur ses pas avant de reprendre l'allée principale.

Si imparfaite cependant qu'elle soit, cette esquisse est assez accusée, je l'espère, pour que ceux qui admirent l'œuvre d'Antonin Mercié puissent y prendre une assez juste idée de ce grand artiste qui, chose rare, est bien l'homme de son talent. Pas de forfanterie d'œuvre ni de langage, rien de cette livrée d'artiste que revêtent ceux qui surprennent par des succès de hasard une bonne opinion d'un jour, rien de cette fausse chaleur, de ces attitudes exagérées de ceux que, au contraire du *Bonaparte* de

David, on trouve si fougueux sur des Pégases si calmes; chez lui, l'honnêteté de l'homme pénètre l'œuvre et la rend plus noble encore. Je ne veux, pour bien me faire comprendre, que citer cette belle observation d'Antonin Mercié qui me disait un jour, et cela sans prétention à la phrase médaille : « Il faut la largeur dans la conception et dans l'ensemble pour attirer à soi le public, il faut la conscience de l'exécution du détail pour le retenir! » Sentence qui devrait être inscrite en tête de ce fameux bréviaire des artistes qu'on n'a jamais fait, qu'on ne fera pas, et qui serait si peu lu, si jamais il devait être écrit!

J. DALOU

— Quelle épouvantable chose je viens de voir ! me dit l'autre jour l'auteur du haut-relief des États Généraux ; figurez-vous que je me suis rencontré avec l'ambassade du Céleste-Empire et que j'ai pu contempler le pied d'une Chinoise dans toute son horreur. Comment a-t-il pu entrer dans l'esprit d'êtres humains l'idée d'enfermer un membre dans une prison, de l'obliger à changer de forme, à déplacer, à courber ses os, pour devenir un horrible paquet de chair dont l'incommodité égale la laideur ?

J'étais ravi de cette indignation, comprenant chez un artiste amoureux de la nature cette révolte devant une difformité, cette protestation d'un statuaire habitué à l'élégance des pieds de marbre des cavaliers du Parthénon.

— C'est de la pure folie, et l'homme n'a pas plus le droit d'enfermer un pied dans une chaussure trop étroite que son esprit dans un règlement d'école, fût-ce celle des Beaux-Arts, en disant : « Ceci est le beau ; hors ce que je permets, pas de salut! »

Et, avec une ardente éloquence, Dalou, plein de ce feu et de cette sincérité qui débordaient de son âme d'artiste, entreprit le siège en règle de l'École des beaux-arts, de son enseignement et du Prix de Rome.

— Oui, continuait-il, on me disait à moi que le Prix de Rome conduisait à tout, comme on vous disait à vous dans votre jeunesse que le droit conduisait aussi à tout! A quoi vous a-t-il mené sinon à l'abandonner et à vous jeter dans l'art et la littérature?

Les plaidoyers pour et contre l'École des beaux-arts et son utilité ne sont plus à faire et, en résumé, l'École n'est discutée que comme tout ce qui existe au monde; quand elle aura disparu, si elle disparaît, l'important sera de voir par quoi on la remplacera, et si le niveau artistique montera, baissera ou restera stationnaire. Je me gardai bien d'entrer dans la discussion, avec un adversaire à idées aussi nettes, et moi qui suis loin de trouver l'École si redoutable à l'art et aux artistes, je me contentai de me rappeler que Dalou était élève de Carpeaux, c'est-à-dire fils en art d'un Prix de Rome, et par conséquent petit-fils de cette École maudite.

Et puis, pourquoi ne permettrait-on pas la passion dans ses opinions à un homme qui l'apporte si belle et si féconde dans ses œuvres? Sans se livrer à des débordements d'esthétique, cette plante parasite et inutile qui pousse aujourd'hui autour de toutes les manifestations d'art, il est curieux d'étudier un statuaire du tempérament de M. Dalou qui, libre de tous liens de discipline scolastique et maître de laisser errer sa fantaisie, reste, malgré lui, un des représentants de la saine tradition de la sculpture française. Qu'il compose le monument à Delacroix, les hauts-reliefs des États généraux de la République, avec leur belle tenue, ou qu'il modèle cette petite tête de nouveau-né avec ses paupières gonflées, sa bouche mobile, la moiteur de sa peau, il appartient à la famille de nos bons et sages statuaires. C'est que, malgré l'exubérance de ses idées, M. Dalou sent le besoin d'en régler l'impétuosité et que chez lui la sagesse, la science réelle qui dispense d'avoir recours à l'étrangeté de mauvais aloi, viennent lentement contrôler les compositions nées d'un instant d'inspiration.

Ces qualités on les retrouve aussi bien dans ses œuvres d'hier que dans celles d'aujourd'hui. Voici par exemple son grand groupe de marbre : *les Épousailles*. Sans entrer dans trop de détails sur la genèse de cette composition, je crois intéressant de dire comment elle s'est formée dans l'esprit de l'artiste. L'héritier d'un grand nom français qui a choisi pour femme une jeune étrangère, avait demandé à M. Dalou un projet de fontaine pour le vestibule de son hôtel. Une fontaine, il n'est pas de sujet plus banal ou plus charmant; car, en même temps qu'il s'agit de faire quelque chose qui n'ait pas été fait, il faut se renfermer dans un sujet qui exprime clairement la pensée du programme indiqué. Bien d'autres eussent mis à contribution toute la flore et la faune des sources, rééditant ou inventant des sujets exquis, mais qui n'eussent point présenté d'appropriation spéciale, des œuvres qu'on eût pu placer aussi bien autre part que dans l'hôtel de notre grand seigneur.

L'esprit de M. Dalou ne pouvait se contenter de ces à peu près, et la fontaine se présenta à lui sous une forme symbolique. Un robuste jeune homme, fort de son corps comme de son cœur, enjambe un fleuve couché, tenant dans ses bras une belle jeune fille, qui s'abandonne à lui, confiante et craintive à la fois; rien ne saurait imaginer le sentiment de grâce et de douce résistance exprimé par la main de cette femme qui ne repousse pas celui qui la porte, mais qui l'éloigne seulement d'un geste appuyé.

Pour tout le monde *les Épousailles* ne seront qu'une fontaine charmante dont on ne saurait avoir l'impression complète sans connaître l'explication que je viens d'en donner.

Un buste qui, pour beaucoup de sculpteurs, n'est considéré que comme une œuvre d'importance secondaire, est pour M. Dalou un travail où son talent s'exerce aussi bien que dans ses plus importantes compositions. Combien se contentent de reproduire des traits avec exactitude et de donner à leur modèle un sourire ou une attitude, sorte de grimace immobilisée dans le bronze ou le marbre. M. Dalou sait qu'il faut d'abord connaître son modèle, en recevoir une impression, le mesurer au moral comme au physique, après quoi il prend sa terre et copie deux modèles à la fois, celui qui est devant ses yeux et celui qu'il a dans l'esprit. Le buste de Francis Magnard est à ce double point de vue une œuvre très réussie. Dalou a trouvé le moyen de faire voir, sous ce masque bon enfant et souriant, le profond bon sens, la pointe de scepticisme, le regard curieux du directeur du *Figaro*. Quant au buste de Jules Jouy, avec ses yeux étranges, sa barbiche de faune, il semble qu'il vienne de se taire ou qu'il se prépare à chanter.

D'après ces divers ouvrages on peut juger de l'ensemble de l'œuvre de Dalou, de ses tendances, de la variété de ses qualités, je dirai presque de son tempérament physique. S'il fait grand et décoratif, il sait aussi créer des œuvres de charme et de scrupuleuse conscience. Une semblable souplesse ne va pas sans une excessive impressionnabilité, et ces déplacements d'optique entretiennent forcément de grandes nervosités. L'enthousiasme, la gaîté, l'abattement, la confiance, le désespoir, tout a place tour à tour dans l'organisme d'un véritable artiste. J'ai vu bien des auteurs de notre temps, et des plus grands, aux soirs de leurs premières représentations, aucun d'eux ne m'a plus touché que Dalou à une certaine heure, bien indifférente pour beaucoup, mais qui fut solennelle pour lui.

Il s'agissait de la fonte de l'Apollon qui bat des mains au bas du monument de Delacroix, placé au Luxembourg. Ne se contentant pas de la fonte ordinaire, Dalou aima mieux faire couler son modèle à cire perdue. Enfin le jour vint et nous entrâmes, Vacquerie en tête, président de notre comité, dans l'atelier où des fourneaux rougis à blanc étaient chargés de creusets contenant le métal en fusion. En terre était enseveli le moule colossal de l'Apollon, un fourneau à entonnoir devait l'emplir de bronze. Dalou, pâle, nerveux, fébrile, courait de tous côtés, serrant la main aux ouvriers, allant, revenant comme un chien de berger, questionnant tout le monde et parlant sans parler, riant sans rire, souriant sans sourire. L'opération m'intéressait, mais je ne pouvais détacher mes yeux de Dalou.

— Nous y sommes! dit le maître fondeur.

Aussitôt chaque ouvrier prend sa place, comme on fait à une batterie d'artillerie, attendant le signal. Le fondeur dit : « Allez!.. » et le premier creuset est soulevé. Dalou, comme attiré malgré lui, s'approche, on le repousse doucement, il regarde de tous ses yeux, de toute son âme, il est haletant. Tout à coup une explosion se fait entendre, un jet de fusion est lancé en l'air et une pluie de métal tombe tout près de nous. Chacun se recule... « Ce n'est rien! dit le fondeur à Dalou, qui s'était, lui, mis à la bouche du fourneau. J'abrège; le métal est entré en terre et le moule est plein. — Tout est bien! » dit le fondeur. A ces mots, un hurrah sort de toutes les poitrines; la détente générale se fait, patron, ouvriers, spectateurs, chacun est heureux comme s'il lui était arrivé un bonheur personnel.

Quant à Dalou, il était encore plus pâle, mais les yeux littéralement pleins de larmes, il riait, il embrassait, heureux comme un homme qui en serait à sa première épreuve, trinquant, versant, buvant du champagne et disant : — Ce sont de beaux moments! hein? Il avait en une heure ressenti toutes les craintes, toutes les espérances, toutes les joies et les émotions d'un artiste. Il était heureux et nous étions tous heureux de son bonheur. Mais comme il faut en ce monde que toute joie soit mélangée d'un peu d'amertume et que tout artiste est fertile en inventions pour se torturer, il me dit, après ces grands élans, frappant du pied le terrain sous lequel se solidifiait le métal tout à l'heure en fusion : « Reste à savoir ce qui se passe là-dessous ! » Et il s'éloigna avec un rire forcé et nerveux qui nous disait assez ses angoisses.

Tout ceci n'est guère de la critique d'art proprement dite, je le reconnais, mais j'avoue que bien souvent l'artiste m'a autant intéressé que son œuvre; d'autant plus que je ne saurais séparer l'un de l'autre, et que j'ai toujours été ému par les joies ou les tortures des producteurs. A l'encontre de beaucoup qui ne voient dans une œuvre que l'œuvre elle-même, je ne puis m'empêcher de me reporter à l'heure où elle a été produite, et que ce soit un livre, une mélodie, un tableau ou une statue, à penser aux douleurs de son enfantement. « C'est joli ! » ai-je entendu dire, récemment, par une Anglaise distraite à un guide qui lui montrait le bas-relief de Rude qui vit sur l'Arc de Triomphe. A quel prix le grand sculpteur a-t-il acheté ce dédaigneux : c'est joli !

Quand vous passerez devant le monument de Delacroix, regardez l'Apollon, et que vous l'admiriez ou que vous le critiquiez (car il mérite et des louanges et des critiques), pensez à ce qu'il a remué d'émotions dans le cœur d'un artiste.

L'ÉCOLE MODERNE

DES MÉDAILLEURS FRANÇAIS

Il est difficile aux détracteurs du temps présent de trouver dans l'histoire de la Médaille française des chefs-d'œuvre faits non seulement pour dépasser, mais pour égaler ceux que nous devons aux maîtres d'aujourd'hui. Dure nécessité que cette constatation, pour ceux qui ne veulent que regarder en arrière, sans songer que ce qui leur plaît tant n'a jadis été fait que sous l'inspiration du jour et de la recherche inquiète du lendemain.

Nous ne parlons, bien entendu, que de

la médaille proprement dite et non de la numismatique monétaire, de celle qui passionnait le Diognète de La Bruyère, lequel ne se préoccupait dans une médaille que « du frust, du feloux et de la fleur de coin ». Les médailles produites sous Charles VII, pour la délivrance du territoire, ne touchent en rien à l'histoire de l'art de la médaille, pas plus que les jetons de toutes les époques, dont l'intérêt réside surtout dans les légendes, et qui doivent n'être considérés que comme des curieux documents historiques. Ces devises résument, le plus souvent avec esprit, un fait, un événement important; aujourd'hui, on en compose qui ont certes une valeur littéraire, témoin celle qui fut faite sous Louis-Philippe, pour la grande médaille des Chemins de fer par Bovy :

Dant ignotas Marti, novasque Mercurio alas [1],

---

1. Ils donnent à Mars des ailes inconnues, à Mercure des ailes nouvelles.

et de nos jours celle que M. Egger écrivit autour de la médaille frappée pour rappeler le passage de la planète Vénus :

Quo distant spatio, sidera juncta docent[1]

Pour revenir aux médailles elles-mêmes, nous rappellerons brièvement que, outre celles qui nous ont légué les beaux portraits des derniers Valois, celles de Dupré, de Varin, des Roettiers, de Duvivier qui nous donnent de beaux spécimens de l'art sous Louis XIV, Louis XV et Louis XVI, il est bien difficile de trouver des morceaux de valeur réelle, même sous la République, qui pourtant eut de si grands faits historiques à enregistrer ; nous prendrons donc pour point de départ de notre étude le commencement de ce siècle, afin d'arrêter le point d'arrivée à l'époque présente.

1. Les astres en se joignant nous révèlent leurs distances.

Si l'on veut se rendre un compte exact de ce qu'était la médaille de ce temps comparée à celle d'aujourd'hui, il faut savoir que le graveur n'avait pas alors l'initiative qu'il a prise, et que, de même que la plupart des statues de Versailles ont été dessinées par Lebrun et Mignard avant d'être livrées au travail des sculpteurs, le dessin des médailles était d'ordinaire confié à d'autres artistes. Ce point important a été fixé par un maître graveur de notre temps, par M. Chaplain, dans l'excellente notice qu'il écrivit sur M. Gatteaux, lorsqu'il lui succéda à l'Institut :

« Au moment, dit M. Chaplain, où M. Gatteaux commença sa carrière artistique, les graveurs en médailles exécutaient des coins dont les modèles leur étaient fournis par des sculpteurs et surtout par des peintres. Le Musée des monnaies et médailles possède un grand nombre de ces dessins; il en était de même de Galle qui recevait des peintres le dessin de presque tous les jetons qu'il a gravés. M. Gatteaux fils et Dupré, » l'auteur de la monnaie de la République, ont été dans cette période les premiers graveurs qui aient composé eux-mêmes les sujets et produit des œuvres qui n'étaient qu'à eux. Ce changement est une date dans l'histoire des médailles en France. »

Cette coutume dura encore au commencement de ce siècle, puis peu à peu les graveurs qui n'avaient plus guère que des portraits et de maigres attributs à reproduire, travaillèrent seuls ; longtemps leur art s'était ressenti de cette rupture de collaboration, et ce n'est guère que depuis Oudiné que la médaille a pu sortir de cette tutelle à son avantage. Moins favorisés que les peintres et les sculpteurs, qui font partie de l'École de Rome, les graveurs en médailles n'y passent que trois années au lieu de quatre. Les travaux qui leur sont demandés pour la première année sont : une figure nue d'après nature, un bas-relief de cire exprimant un sujet, la copie en creux sur acier d'une médaille antique et un dessin soit d'après nature, soit d'après l'antique, soit d'après les maîtres. Dans la deuxième année, ils doivent exécuter le camée de la tête d'étude en cire de l'année précédente ; un coin gravé en creux d'après une statue, un bas-relief ou un buste antique ; l'esquisse en cire d'une médaille composée de trois figures, au moins, sur un champ circulaire ; l'esquisse en cire d'un camée de même proportion et un dessin soit d'après nature, soit d'après les maîtres. Dans la troisième année, ils doivent fournir le modèle en cire d'une médaille de leur composition, consistant au moins en deux figures, l'exécution en creux ou en relief sur acier de cette médaille.

Tels sont aujourd'hui les travaux demandés par l'École à ceux qu'elle a envoyés à

Rome ; on se plaindra, peut-être, de ne pas voir plus de liberté laissée à l'imagination des jeunes gens, mais il ne faut pas attacher trop d'importance aux récriminations contre l'École, en voyant les remarquables artistes qu'elle nous a donnés présentement ; heureusement les élèves ne sont pas cloîtrés, et il ne leur est pas défendu, puisqu'ils sont en Italie, d'étudier les merveilleuses médailles de la Renaissance et d'en profiter, chacun selon son tempérament. Notre École de médaillistes est là pour confirmer ce que nous avançons.

Après la Révolution, nous ne trouvons plus guère, parmi les premiers graveurs en médailles, que Duvivier, qui, moins atteint que les autres artistes par l'influence de l'école de David, donne des morceaux qui ont encore le charme de la composition et l'esprit de l'art du règne de Louis XVI. Signalons particulièrement la belle médaille frappée en l'honneur de Bonaparte, à l'occasion du Traité de Campo-Formio (an VI). Le général en chef de l'armée française est représenté à cheval, tenant une branche d'olivier à la main ; il est précédé de Bellone, qui tient les rênes, et de la Prudence présentant un miroir dans lequel se regarde un serpent. La Victoire plane derrière le général, tenant de la main droite une couronne au-dessus de sa tête, et portant dans sa main gauche la statue de l'Apollon du Belvédère.

Mais Duvivier se rattache surtout au XVIIIe siècle, et c'est plutôt dans Andrieu qu'il faut voir l'abandon de la tradition d'élégance et la recherche d'une voie nouvelle ; ses médailles à propos de l'anniversaire de la Bastille, la bataille de Marengo ; ses portraits de Bonaparte, de Joséphine, malgré leur sécheresse, portent la marque d'une recherche de perfection qui met l'artiste au-dessus de la plupart des autres graveurs de ce temps. On ne doit pourtant pas confondre avec ces derniers un homme de valeur, Gatteaux, fils du graveur de ce nom, et dont nous avons sous les yeux une bonne médaille de la *République française à ses Défenseurs*, de minuscules médailles à l'effigie de Necker (celle-ci non signée), et un portrait de *Louis XVI ;* nous signalerons surtout Gatteaux fils, qui, dans sa longue carrière, grava près de trois cents médailles, parmi lesquelles il faut remarquer celle qui fut frappée pour les *forts de la Halle aux blés*, et qui porte un superbe écusson ; les portraits de Moitte, de Beethoven, une charmante pièce à l'effigie d'Élisa Bonaparte et les médailles du Sacre de Charles X et de la Quadruple Alliance ; à côté des horribles productions lourdes, prétentieuses et confuses de Palloy, on doit pourtant signaler des morceaux de valeur, comme le *Bonus eventus* de Galle, frappé en l'honneur du retour de Bonaparte à Fréjus, imitation réussie de l'antique. Passant sur une prodigieuse quantité d'œuvres sans aucune valeur, où le manque d'imagination, la pauvreté de l'exécution peuvent faire croire que l'art de la médaille va disparaître pour toujours, il faut s'arrêter cependant devant quelques exceptions qui ne rendent que plus dignes d'oubli la plupart des œuvres écloses sous l'Empire, la Restauration, le règne de Louis-Philippe et le commencement de celui de Napoléon III.

Nous mentionnerons rapidement des médailles de Gayrard à l'effigie de Louis XVIII, de Charles X, puis viennent après : Tiolier, Domard, Montagny, Vivier, Barre, Caqué, Pingret, Borrel; outre Michaud (qui a fait un chef-d'œuvre monétaire en gravant les pièces de cinq francs à l'effigie de Louis XVIII), deux graveurs qui ont laissé des œuvres vraiment intéressantes et très supérieures à celles de leurs confrères, Depaulis et Bovy ; le premier compte parmi ses meilleurs morceaux une très fine reproduction de la Vénus de Milo, modelée avec une rare délicatesse, le médaillon de Corneille, la médaille de la bataille d'Isly et de la pose de la première pierre de Saint-André, à Compiègne ; quant à Bovy, on lui doit la belle médaille des chemins de fer dont nous avons parlé plus haut, celle de Cuvier, d'après David d'Angers, celle des Récompenses nationales, représentant une charmante figure de muse s'appuyant sur le torse du Belvédère, celle du Jubilé de la Réforme en 1835, la médaille de Luther, œuvres pleines de simplicité et de coloration ; passons sous silence la médaille de Guizot, œuvre lourde et massive due à Feuchère, qui pourtant se fit remarquer comme sculpteur.

Ainsi qu'on le voit, sur les milliers de médailles qui furent frappées jusqu'au premier tiers de ce siècle, il en est peu qui méritent d'être mentionnées; l'art des graveurs s'était borné à la sèche médaille monétaire, et nul effort n'était fait par eux pour les sortir de l'ornière de la routine. Pourtant un jour un sculpteur apparut qui eut l'audace de mettre de la vie dans ses œuvres, et dont la venue allait singulièrement modifier les allures de nos graveurs. Il s'agit de David d'Angers qui venait de prouver par de merveilleux médaillons d'une étonnante exécution, vivants par la force de son génie, que le dernier mot n'était pas encore dit. Qui n'a admiré cette incomparable collection de profils si variés de sentiment et de facture? Qui n'a été étonné en regardant seulement le médaillon de Lasteyrie, du rendu de la physionomie, des ressources du modelé, qui, sur une ossature impeccable, a étendu des muscles et de la peau réels. De fait, David communiqua de sa chaleur au groupe de graveurs de son temps, et, rien qu'à regarder le Rouget de l'Isle, de Rogat, on comprend l'influence qu'il exerça sur l'école de la gravure.

A partir de David, la médaille, sans atteindre à la perfection moderne, a déplacé son point de vue, l'objectif n'est plus immobilisé, ceux qui sont à venir pourront le mouvoir et le fixer sur un autre champ d'observation.

C'est avec une joie d'artiste que l'on s'éloigne de cette époque d'une froideur et d'une inanité désespérantes. Une aube nouvelle se lève, et après les médaillons de Jehan du Seigneur, d'Antonin Moine, de Préault « curieusement romantique », puis de Rude, Carpeaux, Chapu, nous entrons dans l'école moderne, la plus féconde en belles œuvres qu'ait jamais eue l'art de la médaille dans notre pays. Après les efforts d'Oudiné pour rompre avec la tradition, voilà ceux de M. Ponscarme qui, pour n'avoir pas laissé d'œuvres nombreuses, a pourtant marqué une date importante dans l'histoire de la transformation de son art.

« A la faveur de cette émancipation (je

cite M. Roger Marx) et de la rupture avec les formules routinières, l'école se transforme s'éprend de sincérité, de poésie, de grâce ; elle ressaisit et puis rouvre la veine française et demande à la spontanéité de l'inspiration, à la vision directe et vivante de la nature, le rajeunissement d'une radieuse renaissance. M. Chaplain prend l'initiative du mouvement; l'artiste ne sera jamais capable d'emphase, de banalité ou de mièvrerie ; il a en partage la vigueur, la précision, la clarté ; ses compositions atteignent à l'ampleur par la fierté de la conception, l'allure grave du dessin, la prédilection décidée pour les formes puissantes. »

C'est à ces qualités réunies que nous devons de si belles compositions parmi lesquelles il faut signaler la médaille commémorative des travaux de la *Commission internationale du mètre,* celle du *Congrès international des électriciens,* de la *Caisse d'épargne,* des récompenses pour les lauréats du Conservatoire de musique et de déclamation, pour la protection des enfants du premier âge, celle du prix Osiris, décernée aux ouvriers du palais des Machines, de la donation du château de Chantilly, les portraits étonnants de vérité et de caractère du duc d'Aumale, de Cabanel, Baudry, Meissonier, Delaunay, Gambetta, Victor Hugo, de MM. Bonnat, Aicar, Guillaume, Henriquel-Dupont, Jean-Paul Laurens, Jules Simon, Carnot, Got, Gounod, Gérôme et de tant d'autres dont les revers sont ornés de magistrales compositions symbolisant la vie ou le talent de celui dont il avait modelé et gravé les traits. L'œuvre de M. Chaplain est très considérable, et il faut se contenter d'en indiquer les grandes lignes ; la description ne pourrait d'ailleurs en donner qu'une faible idée. Comment reproduire avec des mots cette composition de la médaille gravée pour l'école nationale de Roubaix ? On ne peut que dire qu'elle représente une jeune fille drapée, de profil, debout, décernant une fleur comme récompense à un jeune homme qui dessine et tenant dans sa main droite une navette, emblème du travail. Qui peut peindre en une seule phrase l'idée de la tenue, du style qui font de cette petite médaille une véritable œuvre d'art ? Comment donner la vision de la composition de la *Défense de Paris* et de tant d'autres qu'on peut admirer notamment au musée du Luxembourg?

De même pour M. Roty, qui a produit des médailles, des plaquettes, des objets d'art de toutes formes, leur imprimant à toutes la marque d'un esprit ardent, ingénieux et décorateur. Un sujet qui paraîtrait stérile à tout autre sera pour M. Roty l'occasion de montrer une idée élevée ou ingénieuse. Épris de la nature, disciple du beau, ennemi de la convention, avec M. Chaplain, M. Roty partage justement le titre de chef de l'École moderne de gravure en médailles ; ce sont l'ouverture de la ligne d'Alger à Constantine, l'Enseignement secondaire des jeunes filles, le Club Alpin, l'Union franco-américaine, la personnalité de M. Chevreul, l'histoire de la gravure de Duplessis, l'Exposition internationale d'électricité, la maison d'éducation pénitentiaire d'Auberive et cent autres sujets qui ne paraissent que d'arides programmes, qui lui fournissent l'occasion de montrer que l'art est dans tout et partout pour celui qui a reçu le souffle d'en haut.

A côté de ces maîtres, des artistes considérables se sont bientôt formés, et nous ne pouvons terminer cette étude sans parler non seulement de Chapu, le grand statuaire, mais de M. Alphée Dubois dont nous signalons les médailles pour la Société de géographie, les sapeurs-pompiers, etc., puis du regretté Degeorge qui, outre de belles statues, a laissé de remarquables morceaux, entre autres la grande médaille commémorative de l'église de Montrouge, puis les médailles pour la Société de la Trompette, pour les Phares, en commémoration de la guerre de 1870-1871, en souvenir des élèves de l'École des beaux-arts tués à l'ennemi. L'œuvre de Degeorge est surtout remarquable par l'originalité de la composition, le dessin serré, le retour à la nature.

Nommons aussi M. Emile Soldi, et arrêtons-nous un instant devant l'œuvre de M. Daniel Dupuis, composée de la médaille du Conseil général de la Seine, un excellent morceau, de celle de l'Assistance publique, exquise de sentiment. Après lui vient M. Bottée, qui a gravé la médaille de récompense pour l'Exposition de 1889, une autre destinée à constater les progrès monétaires, puis M. Patey à qui l'on doit des médailles de Barye, des Aérostats, et un grand nombre d'œuvres qui témoignent de sa conscience artistique. Enfin M. Vernon, dont le nom est déjà connu, et qui a exécuté, entre autres travaux, une très belle médaille du docteur Charcot.

Il s'en faut que nous ayons mentionné tous les artistes qui concourent au beau mouvement en avant que fait présentement la gravure en médaille, car voici les noms de M. Lagrange, à qui l'on doit la médaille de l'Opéra, celle du Palais de Justice, et celle réprésentant le *Milon de Crotone;* MM. Tasset, Mouchon, Max Bourgeois, Lechevrel, d'autres enfin qui, chacun, ont apporté, apportent ou apporteront leur pierre à l'édifice qu'un art qui s'était longtemps fait oublier, vient d'élever en France pour se mettre à la hauteur de nos belles Écoles de peinture et de sculpture. Notre École de gravure en médailles, bien que venue plus tard qu'elles, peut, dès maintenant, se présenter sur la même ligne que ses deux sœurs ainées, sûre qu'elle est d'apporter aussi sa part de gloire à la fin de notre XIXe siècle.

UNE

EXPOSITION DE LITHOGRAPHIE

C'est à un coiffeur, poudrant une perruque avec une sorte de terre pilée, que l'on doit la découverte de la porcelaine de Saxe ; l'invention de la lithographie n'est pas moins curieuse, car c'est à une blanchisseuse qu'il faut en être reconnaissants.

Vers la fin de l'autre siècle vivait à Munich un pauvre diable, né à Prague, et condamné, par son peu de talent comme comédien, à ne paraître sur la scène qu'au milieu des figurants. Lassé de cette obscurité, notre homme, qui ne pouvait pas jouer de pièces, crut plus simple d'en faire et se proclama auteur dramatique. Comme on ne voulait jouer ni ses comédies ni ses drames, il prit le parti de les faire imprimer. Mais les typographes, aussi méfiants que les directeurs, refusèrent le concours de leurs presses à l'infortuné ; celui-ci, ne se rebutant pas, acheta des planches de cuivre et se mit à graver lui-même sa littérature. Mais comme il écrivait fort mal à l'envers et que le métal est coûteux, il prit le parti de s'exercer sur des sortes de pierres à repasser très polies qu'on trouve à Solenhofen. Tout cela ne lui donnait pas la fortune !

Or, un jour qu'il s'escrimait à écrire à rebours, sa mère lui cria d'une pièce voisine de celle où il se tenait :

— Aloïs, fais-moi donc le compte de la blanchisseuse qui attend son linge !

Aloïs chercha une feuille de papier et, n'en trouvant pas sous sa main, écrivit, avec l'encre grasse qui lui servait pour ses planches de cuivre, sur une des pierres que le hasard avait placée devant lui. L'addition fut faite, et espérons-le, la blanchisseuse payée. Aloïs, resté seul, un peu rêveur, versa peut-être inconsciemment sur la pierre quelques gouttes de l'acide avec lequel il faisait mordre ses planches. Un petit bouillonnement se manifesta à la surface de la pierre, rongeant et creusant sous lui toutes les parties qui n'étaient pas protégées par l'encre grasse.

Ce jour-là, Aloïs Senefelder venait d'inventer la lithographie.

Ce premier essai, cette grande découverte, date de 1796 ; en 1799, il avait perfectionné son œuvre. La lithographie fut immédiatement adoptée en Allemagne, mais seulement pour les reproductions d'écriture. En 1802, un imprimeur du nom d'André vint se fixer à Paris, y établit un atelier de lithographie et demanda l'aide du gouvernement français ; ses produits étaient à peu près sans valeur et l'encouragement sollicité lui fut refusé. A Offenbach-sous-le-Mein, François Johannot, manufacturier français, faisait, de son côté, d'importants essais ; il fut le père de trois fils, dont Alfred et Tony Johannot ; d'autres tentatives, pendant ce temps, avaient été faites à titre de curiosité par Bergeret, par le général Lejeune, depuis directeur des Arts à Toulouse, par Denon, à son passage à Munich ; essais pour ainsi dire infructueux. Mais l'élan était donné et Lasteyrie, déguisé en ouvrier, allait étudier en Allemagne, dans les ateliers, les secrets de l'art nouveau, puis fondait à Paris un établissement en 1814. En 1818, la lithographie était devenue un art français sous l'impulsion des Engelmann, Marcel de Serres, Raucourt, Villain, puis plus tard Legros-d'Amzy, Lemercier, Bertaux, C. Motte, Bry, etc.

Ce fut tout d'abord un véritable engouement, tout le monde s'en éprit, et la duchesse de Berry, puis aussi le duc d'Orléans, se mirent aussi à crayonner, comme autrefois madame de Pompadour faisait de la gravure. Contrairement à ce qui se passait en Allemagne, en France la lithographie venait de se révéler autrement qu'en moyen de reproduction pour l'écriture; ce n'était plus un métier, c'était un art. Aussitôt on vit les grands artistes saisir ce moyen de populariser leur pensée, et bientôt se répandirent des chefs-d'œuvre signés : Charlet, Géricault, Carle Vernet, Horace Vernet, Eugène Delacroix, Deveria, Prudhon, Jean Gigoux, Henri Monnier, Eugène Lami, Daumier, Grandville, Grevedon, Gavarni, Français, de Lemud, Bonhommé, Decamps, le baron Atthalin, Raffet, Hippolyte Bellangé, Isabey père, Isabey fils, Boilly, Ingres, Girodet, Gros, Paul Delaroche, Roqueplan, Ciceri, Flandrin, Millet, Aubry-Lecomte, Mouilleron, Leroux, Célestin Nanteuil, Barye, Diaz, Paul Huet, Jules Dupré, Joseph Félon, Léon Noël, Soulange Tessier, Bargue, etc... et présentement, Jules Laurens, Gilbert, Lunois, Sirouy, Fantin-Latour, Jules David, A. Gilbert, sans compter Detaille et d'autres grands artistes.

J'ai omis dans cette liste, faite sans ordre, un des plus illustres lithographes, Bonington, qui, bien qu'Anglais, a produit en France les chefs-d'œuvre qu'on sait. Je mentionnerai encore un grand nombre d'autres lithographes, les Traviès, Pigalle, Cham, André Gill, etc., etc., qu'on a vus figurer à l'Exposition de la caricature.

Le succès prodigieux de la lithographie, que les procédés photographiques ont fait un peu trop oublier aujourd'hui, était dû surtout à ce qu'elle apportait au génie français un nouveau et facile moyen d'exprimer sa pensée. Avec la lithographie, l'artiste n'a pas besoin de traducteur comme le peintre a besoin des graveurs; c'est son œuvre directe qu'on a sous les yeux, encore empreinte de sa volonté, encore chaude de ce qu'il lui a donné de sa vie, de sa personnalité. Il suffit de jeter un coup d'œil sur les merveilles de Géricault, de Delacroix, de Raffet, de Daumier pour constater la vérité de ce que j'avance.

Aussi est-ce avec un vif plaisir que les artistes et les amateurs ont vu s'ouvrir, à l'École des beaux-arts, une exposition générale de la lithographie depuis ses commencements jusqu'à nos jours inclusivement.

Espérons que de cette première exposition renaîtra une rénovation de la lithographie qui a atteint un si haut point de perfection sous l'Empire et sous la Restauration; en voyant rassemblés ces chefs-d'œuvre des Raffet, Géricault, Delacroix, Deveria, Bonington en splendides états (beaucoup portant des croquis d'essais en marge des dessins), nos peintres d'aujourd'hui comprendront peut-être que c'est à tort que deux générations ont négligé un des moyens d'expansion du génie français, et que la science et l'industrie sont, malgré leurs perfectionnements, incapables de lutter avec l'art qui vient directement du cœur, du cerveau et de la main de l'homme.

LES DEUX SALONS DE SCULPTURE

Pour le plus grand nombre, hélas! de ceux qui composent ce qui s'appelle le public, le Salon de sculpture des Champs-Élysées est une vaste serre où l'on vient promener les migraines prises dans les étuves du Salon de peinture; on y trouve un peu plus de fraîcheur, un buffet, quelques talus gazonnés, plantés des fleurs de la Ville, de superbes tapisseries des Gobelins, des tonnelles, des gloriettes aux verts treillages; les femmes y étalent leurs robes sur des bancs à pieds de fonte, et les hommes y peuvent fumer leurs cigares et leurs cigarettes en parlant de ce qu'ils viennent de voir au premier étage. Pendant la conversation, l'œil perçoit de vagues formes blanches debout ou couchées, des silhouettes de bronze équestres ou non; ce sont des statues de marbre ou des monuments patriotiques élevés le plus souvent à nos défaites. Toutes ces Vénus, tous ces grands hommes obtiennent à peine un coup d'œil; quelques curieux cependant s'arrêtent parfois devant un buste, y cherchent vainement le nom de l'artiste ou du modèle, feuillettent péniblement le livret, y lisent : *buste de M. X...*, et ayant consacré trop de temps à leur vaine recherche, déçus dans leur curiosité, ne regardent plus le portraituré et continuent leur visite pour acquit de conscience.

Voilà, à peu de chose près, le procès-verbal de ce qui se passe à l'exposition de sculpture. Le public, toujours moutonnier, s'en transmet régulièrement le dédain, et le même flot d'indifférence vient annuellement battre les piédestaux d'œuvres qui mériteraient certes qu'on levât la tête pour les regarder, les juger, et souvent les admirer. Car, et en dépit de ceux qui ne réservent leurs suffrages que pour ce qui nous vient de l'étranger, il faut reconnaître que l'école de sculpture française marche encore à la tête de toutes les écoles étrangères qui, mieux que nous-mêmes, en ont reconnu et reconnaissent encore la supériorité. Sans remonter trop loin, et pour ne parler que de ce siècle, un pays qui peut inscrire aux tables du Panthéon de sa statuaire les noms de Rude, Carpeaux, Barye, Cavelier, Chapu, Dubois, Falguière, Mercié, Barrias, Fremiet, Guillaume, Thomas, Marqueste, Puech, Dalou et de tant d'autres, peut être glorieux, soit qu'il se juge ou qu'il se compare.

Les sculpteurs n'ont jamais été choyés

par la critique elle-même qui, presque toujours, les a traités, par tradition, comme des accusés; à peine Diderot leur parlait-il poliment. Lui aussi leur indiquait la « statue à faire » : — « J'aurais fait ceci! » dit-il naïvement aux plus grands artistes de son temps. About, pour citer aussi les modernes, se contentait de dire de Rude : « Que lui manque-t-il ? le goût ; il attrape la perfection par hasard! » Quant à Coyzevox, il le blâmait de ses « brutalités »! Ni Rude ni Coyzevox ne se portent plus mal de ces boutades; si les artistes n'y ont point pris profit, les critiques modernes en ont bénéficié et ont senti qu'il était de leur dignité de ne pas livrer aussi facilement aux gémonies des artistes que le temps en fait si souvent sortir.

Un certain nombre de critiques ont souvent accusé le Salon des Champs-Élysées d'être uniforme, de vivre un peu trop dans la tradition académique, de ne pas assez se lancer dans les voies nouvelles; ces voies étant encore mal définies, un peu plus encombrées de projets et de chimères que d'œuvres réalisées, je ne saurais guère maintenir l'accusation; on ne s'oriente que sur un chef-d'œuvre, où est le chef-d'œuvre? l'art se trouve présentement entre deux fossés, celui du passé et celui qui dans l'ombre nous sépare de l'avenir; s'il recule il est perdu, mais s'il se lance inconsidérément en avant, il court le même risque. Le mieux est donc de ne progresser qu'avec une extrême prudence et de se rappeler ce mot de Cochin, le grand artiste du XVIIIe siècle qui maniait aussi bien la plume que le burin: « L'envie de faire du nouveau fait faire bien des sottises! » Ce qui n'est pas une raison pour rester dans « la paresse de penser à neuf » que d'Argenson reproche aux Français de son temps et qui peut s'adresser aux Français du nôtre aussi.

Ce n'est pas dans la section des « agités », comme disait un critique plus sévère que juste, mais dans celle des inquiets de l'art, qu'on entre en franchissant le seuil du Palais des beaux-arts au Champ de Mars. Tandis que la majorité des artistes qui exposent au Salon des Champs-Elysées, marchent dans la belle et large route frayée par d'illustres ancêtres, les suivant aisément aux débris de leurs palmes et de leurs lauriers, les artistes du Champ de Mars semblent s'être donné pour tâche d'éviter ce grand chemin et d'arriver au même rendez-vous : la gloire, perçant, chacun pour soi, un sentier nouveau à travers les taillis et les ronces des bois. J'ai dit : chacun pour soi, et c'est la vérité, car un des grands mérites de ce Salon est la variété. C'est à qui, des peintres et des sculpteurs, y attirera l'attention des visiteurs rien que par sa seule personnalité ; aussi en est-il d'assez nombreux qui s'efforcent à l'originalité.

Ceux-là ont tort et n'arrivent le plus souvent qu'à faire produire des poires de mauvaise ou médiocre qualité à des arbres qui eussent donné des pommes excellentes. Obéissant à des influences, à une tendance à l'imitation, il est des artistes qui, heureux s'ils avaient suivi leur tempérament, se sont condamnés à l'originalité, tendant les ressorts de leur volonté là où il faut l'anéantir et se livrer complètement à la nature; elle seule donne le génie comme elle donne la vie, le sommeil ou la mort, à qui elle veut, au jour et à l'heure qu'il lui plaît : l'effort ne fait que l'artisan, la main habile, il ne fait ni l'artiste ni l'inspiration.

S'il est vrai qu'il est des esprits semblables à ces verres convexes ou concaves qui représentent les objets tels qu'ils les reçoivent, mais qui ne les reçoivent jamais tels qu'ils sont, il faut ajouter qu'il est bien des artistes qui, les recevant tels qu'ils sont, se gardent bien de les représenter tels qu'ils les reçoivent.

C'est le cas de beaucoup de ceux qui cherchent à forcer l'attention par tous les moyens. De ceux-là on me permettra de ne pas parler, le silence étant, comme on l'a déjà dit, une forme d'opinion comme une autre; mais à côté de ces horreurs il est un « joli » suspect, qui n'est pas moins qu'elles préjudiciable à l'art et, tout considéré, je ne sais si je ne préférerais pas certaines conceptions incohérentes et folles échappées de cerveaux en peine, à ces douceâtreries d'une rare perfection, longuement caressées, et qui, à être trop longuement regardées, finissent par écœurer comme des bonbons de mauvaise qualité. Ajoutons que ce dernier mal sévit moins au Champ de Mars qu'ailleurs, ce serait plutôt le mal contraire.

En réalité, les jurys devraient inscrire sur la porte du bureau de réception des envois :

« On ne reçoit ici ni ce qui est trop laid ni ce qui est trop joli. »

L'objectif des artistes du Champ de Mars est évidemment d'innover; la devise y est qu'en art rien ne doit être éternel et qu'on se lasse de tout, même du beau temps. Pas de progrès sans mouvement! D'accord, mais qui dit mouvement ne dit pas agitation. Le tout est de ne progresser qu'avec sagesse sans trop se soucier de ceux qui disent que tout est parfait et qu'il n'y a rien à changer, sans faire plus d'attention non plus à ceux qui affirment qu'il n'y a rien de bon, et que tout doit être culbuté de fond en comble. L'important est de consulter le temps, ce maître en toutes choses, cet entêté à qui jamais personne n'a fait faire un pas plus vite qu'il ne le veut faire. Se méfier des gens trop pressés qui croient avancer l'heure en tournant eux-mêmes les aiguilles du cadran : ils détraquent l'horloge et c'est tout. La politique nous l'a prouvé de reste.

LES ACQUISITIONS DU LOUVRE

Dans la discussion générale du budget des beaux-arts, des protestations se sont élevées contre l'accroissement des collections du Louvre, ce minotaure qui semble devoir dévorer tous les trésors artistiques provinciaux; on s'est plaint à la Chambre des députés (un peu bien tard, selon moi) de l'enlèvement fait à Versailles de l'*Andromède*, du *Milon de Crotone*, de la *Vénus de Richelieu* et des peintures des maîtres du siècle dernier; on eût pu ajouter à la liste, parmi les sculptures antiques : le Cincinnatus, la

Vénus d'Arles et le Germanicus, et y joindre aussi parmi les grands peintres : Raphael, Paul Véronèse, Titien, Corrège, Poussin, Van Dyck, etc., dont la Sainte Famille, le Saint Michel, les *Pèlerins d'Emmaüs*, la *Mise au Tombeau*, le *Mariage mystique de sainte Catherine*, la *Peste*, la *Descente de Croix*, etc., ont longtemps orné à Versailles, la chambre du Roi, la galerie des Glaces et la chambre du duc de Bourgogne; on eût pu mentionner aussi la *Joconde* que Piganiol de la Force désignait simplement par ces lignes : « Dans le salon de la première galerie on verra le portrait de *Lise*, femme d'un Florentin, nommé Gioconde, par Léonard de Vinci, qui mit quatre mois à le peindre. » Effectivement tous ces chefs-d'œuvre et tant d'autres ont été apportés et rapportés au Louvre; « ils y sont bien », comme a dit un interrupteur, et, de fait, il est peut-être exagéré de s'en prendre à l'administration actuelle de ce qu'ont fait celles de Louis XIV, Louis XV, Louis XVI, de la Convention, de Louis XVIII et de Charles X, en prenant une mesure qui a été, en résumé, le salut de tant de chefs-d'œuvre. Les traces du passage de la Révolution au palais de Versailles sont assez visibles encore aujourd'hui pour qu'il n'y ait pas à insister; quant au Milon de Crotone, à l'Andromède, etc., il suffit de voir dans quel état les ont mis l'humidité du parc pour accorder un satisfecit à Charles X et à ses successeurs. Ajoutons en ce qui concerne la *Vénus de Richelieu*, et pour rassurer un député mal informé, que cette statue n'a jamais quitté sa place et se montre encore dans toute sa beauté à gauche de la descente du Tapis vert.

Mais la mode est de crier haro sur l'administration des beaux-arts qui protège trop ou qui ne protège pas assez, mais qui fait et fera toujours mal, ne pouvant contenter à la fois des intérêts opposés. Revenons aux collections du Louvre et félicitons-nous, au contraire, de les voir s'enrichir chaque jour par ses acquisitions et par les dons qu'elle reçoit. Car ce n'est pas de la dépouille des parcs et des musées de province que vient son accroissement présent, c'est uniquement de legs, de dons et d'achats. Parmi les plus récents il convient de citer, en première ligne, le merveilleux ivoire triptyque byzantin, classé au Louvre sous cette inscription : Triptyque Harbaville, du nom de celui dont les héritiers l'ont cédé à l'État au prix de trente et un mille francs.

Sans entrer dans le détail descriptif de ce merveilleux morceau qui mérite une admiration non pas relative, mais absolue, je dirai qu'il ne contient pas moins de seize figures en pied et six médaillons exécutés avec une perfection à laquelle les ivoires byzantins que nous possédons sont loin d'atteindre. Ces trois panneaux sont historiés au droit et au revers qui, outre une croix ornementée, contient aussi huit figures et quatre médaillons. Le sujet principal représente Jésus-Christ entre la Vierge et saint Jean-Baptiste; des saints, des martyrs et des prophètes les entourent. Je ne puis insister sur la composition et l'exécution de ce superbe morceau, très supérieur aux ivoires byzantins de Rome et du Vatican, et qu'on a placé dans la galerie des dessins.

C'est surtout des dons faits, cette année, au Louvre, que j'ai à parler présentement. S'il est des amateurs qui ne donnent aux musées que par un sentiment purement vaniteux, par un besoin de se produire et de voir leur nom imprimé dans les journaux, il en est d'autres plus modestes, dont le public ignore l'existence et qui sont les véritables approvisionneurs du Louvre. Dernièrement, un de ces rares collectionneurs se présente au musée et demande la valeur approximative d'une peinture de maître qui se trouvait à vendre; l'estimation faite, l'amateur part et revient apportant en don l'œuvre en question. Nous avons pu savoir le nom de cet amateur discret et ignoré du public; c'est M. J. Maciet, à qui l'on doit, outre plusieurs toiles, un très curieux tableau votif du xve siècle, la *Toilette de Vénus*, de l'École de Fontainebleau, et un diptyque d'une grande importance historique : le portrait de René d'Anjou, comte de Provence, roi de Naples (le bon roi René) et celui de sa deuxième femme. Cette pièce, de premier ordre, est attribuée à Nicolas Froment, d'Avignon, qui a dû la peindre de 1461 à 1479; c'est le seul tableau de ce maître qui soit entré au Louvre.

D'autres dons sont venus aussi augmenter l'actif du musée, et parmi ceux-là : un superbe reliquaire provenant des dominicains de Médina del Campo, offert par madame veuve Spitzer, un grand groupe en cire, de Giraud, de qui le musée ne possédait qu'un chien en marbre dont la reproduction est devenue populaire ; ce groupe, de grandeur nature, représente la femme de l'artiste, morte en couches ; la tête est rejetée en arrière, les cheveux dénoués et entremêlés d'immortelles ; elle tient d'un bras, et serré contre sa poitrine, un tout petit enfant enveloppe de ses premiers langes et couronné de fleurs funèbres ; de son bras droit, elle semble protéger son autre enfant endormi près d'elle.

Revenant aux salles consacrées à la peinture, nous signalerons un très curieux portrait de J.-B. Isabey, peint par Horace Vernet ; enveloppé dans un ample manteau à fourrures, le front couronné de cheveux blancs, puissant d'élégance et de coloris, ce portrait a été exécuté par Horace Vernet en 1828, alors que, revenant de Londres, il était visiblement impressionné par la peinture anglaise, et notamment par celle de Reynolds. C'est par la fille d'Eugène Isabey, madame Levrat et par sa veuve, que ce beau morceau révélant un autre Horace Vernet que celui que l'on connaît, a été donné au Louvre.

A côté de ce portrait, une des très rares peintures de Raffet, donnée par M. Auguste Cain, et un beau portrait de Carle Vernet, peint par Robert Lefèvre et offert par M. Horace Delaroche. Ajoutons à cette liste cinq autres tableaux, legs de M. Léon Moreaux. Ce donateur, qui fut peintre, était probablement petit-neveu, sinon petit-fils, du général Moreaux, mort à trente-sept ans, d'une mort mystérieuse, au siège de Luxembourg. Ce général, dont M. Léon Moreaux a peint un portrait pour Versailles, confondu souvent avec Moreau qui fut tué à Dresde, avait refusé le commandement en chef de l'armée de la Moselle, préférant servir sous

Hoche, son ami. Grand collectionneur, son descendant, M. Léon Moreaux, a légué au Louvre cinq morceaux importants : un Hondecoeter, une magnifique toile de la meilleure époque de ce maître animalier ; des aigles qui s'abattent dans une basse-cour, au milieu de poules effarées, tel est le sujet de cette composition de grande dimension qui porte à deux le nombre des toiles de ce peintre du xvii° siècle, possédées par le Louvre; puis c'est une nature morte (lièvre et perdrix) de son maître Jean Weenix; des fleurs de Jan Van Huysum, un autre maître hollandais, un paysage vu au soleil couchant, de Pynacker, tableau décoratif et de grand effet; un beau Ruysdael, et un David Teniers superbe, le tout dans un parfait état de conservation.

Je m'arrête et je reviens à la salle où se trouve le portrait de Carle Vernet, offert par M. Horace Delaroche. A côté de cette toile, et provenant de même source, on peut voir un charmant **portrait** fait par David et représentant une jeune femme portant un costume bourgeois de la fin du règne de Louis XVI : vêtue d'une robe grise, attachée par une ceinture bleue, elle est peinte assise sur une chaise, le corps tourné à droite, les bras posés l'un sur l'autre : sa tête est un peu inclinée sous une abondante chevelure négligemment arrangée. Ce portrait est celui de madame Chalgrin, sœur de Carle Vernet, fille de Joseph Vernet, décapitée le 6 thermidor. Compromise dans l'affaire dite de la Muette, comme amie de madame Lefilleul, une artiste peintre qui recevait une pension de Louis XVI, elle fut traduite devant le tribunal révolutionnaire, accusée d'avoir possédé chez elle quelques livres de bougie appartenant à la nation. David très lié avec Chalgrin, l'architecte qui, plus tard, devait construire l'Arc de Triomphe, fut supplié par Carle Vernet qui savait l'intimité qui existait entre lui et sa sœur dont il avait commencé le portrait; il le conjura d'aller trouver Robespierre son ami, de lui expliquer la perfidie de l'accusation, l'innocence de madame Chalgrin et d'obtenir sa grâce. David n'avait qu'un mot à dire; il avait donné assez de gages à la Révolution pour n'être pas suspect. Rien ne put l'ébranler, même l'idée de voir tomber cette charmante tête qu'il venait d'étudier et de peindre; il se contenta de répondre à Carle Vernet : — « Celui qui a peint Brutus ne peut pas solliciter Robespierre! » et le couteau de la guillotine fit une fois de plus son office.

Telle est l'histoire de ce portrait devant lequel s'arrêteront bien des visiteurs qui n'y verront que l'image d'une femme mélancolique, peinte pour ajouter à la gloire d'artiste de David. J'ai voulu en savoir plus long sur la vie et la mort de cette victime de la fureur révolutionnaire; les dictionnaires n'en parlent que peu ou point. J'ai cependant feuilleté le Dictionnaire de Jal, tout bourré de récits, d'anecdotes, voire même de cancans; à l'article: *Chalgrin* j'ai lu :

« Joseph Vernet eut une fille qu'épousa Chalgrin; je n'ai pu trouver leur acte de mariage. *Il perdit* sa femme et se remaria à Marie-Louise Gravel. »

Il perdit sa femme (!) m'a paru, dans cette circonstance, un des euphémismes les plus féroces que puisse imaginer l'indifférence dédaigneuse d'un compilateur.

LE MUSÉE DU LUXEMBOURG

Étienne Arago, alors qu'il était directeur du Musée du Luxembourg, l'avait surnommé le purgatoire des artistes. C'est de là, en effet, qu'après un certain stage, les tableaux se dirigent vers le ciel du Louvre ou les enfers des musées de province. Ne plaignons pourtant pas trop ces derniers qui possèdent aussi leurs chefs-d'œuvre et qui, pour la plupart, au point de vue monumental, sont infiniment mieux partagés que notre musée de la rue Vaugirard installé dans une petite orangerie. Tous ceux qui ont visité les galeries d'Amiens, Marseille, Poitiers, Lille, Bordeaux, Montpellier, etc., seront certainement de mon avis.

Malgré sa sollicitude pour ce musée, Étienne Arago n'est jamais parvenu à lui donner l'importance et le développement matériel qu'il aurait voulus. Il l'aimait avec tant de tendresse, qu'il avait, a-t-on raconté, rêvé de le faire sien. Un beau jour, il se présenta chez M. Grévy, pleurant à chaudes larmes.

— Qu'avez-vous? ou qu'as-tu? lui demanda le chef de l'État un peu étonné de cet accès de sensibilité.

— Ah! c'est affreux! c'est épouvantable! il faut empêcher cela! il faut le défendre!

— Mais quoi? fit M. Grévy très anxieux.

— Non! non! je ne peux pas le dire! C'est abominable!...

— Quoi?

— Eh bien, ils veulent débaptiser le Luxembourg! ils veulent! ah! c'est épouvantable à dire, ils veulent l'appeler : Musée Arago!

Le président de la République sourit, dit toujours la légende, eut l'air de compatir et de traiter sérieusement cette protestation, qui n'était qu'un ballon d'essai. En réalité, si la substitution de nom était excessive, il faut reconnaître qu'Arago avait tout fait pour bien mériter de la reconnaissance des artistes. Il avait même un instant gardé rancune à Pelletan, son ami, qui, à ses réclamations incessantes en faveur du Luxembourg, avait répondu :

— Laissez-moi donc tranquille! il n'y a jamais personne à votre musée!

Piqué au vif, Arago aperçut, peu de temps après cette réplique, Pelletan visitant le musée. Bien vite il va chercher quelques employés, et à la tête de son petit groupe suit, sans être vu, Pelletan dans les salles, le bousculant ou le faisant bousculer toutes les fois qu'il s'arrêtait devant un tableau. Lassé, Pelletan se retourne furieux et reconnaît Arago qui lui dit triomphant :

— Vous voyez bien qu'il y en a du monde !

— Peu nombreux, mais choisi ! répondit Pelletan en lui donnant la main.

L'activité d'Arago fut véritablement utile au Luxembourg qu'il enrichit de tableaux placés et oubliés dans des ministères, des administrations, et perdus pour le public. Il eut l'idée première, très heureusement continuée et développée par M. Beneditte, le conservateur actuel, de collectionner les esquisses des œuvres qui figurent dans le musée ; M. Beneditte y a joint une foule de renseignements pour les chercheurs de l'avenir, photographies, autographes, lettres de mariages, de décès d'artistes ; ces dernières pièces très précieuses, non seulement pour remplacer les actes d'état civil que détruisent les révolutions, mais indiquant des alliances intéressantes, documents qui ont fait la fortune du Dictionnaire de Jal et des notes de Reynès. Une collection de catalogues de ventes complète une œuvre si utilement commencée.

Disons, à propos de catalogues, au cours de cette promenade artistique, que si ceux des galeries de peinture et de sculpture du Luxembourg sont au courant, autant qu'il est possible dans une collection à laquelle chaque année apporte des modifications, il n'en est pas de même de ceux des autres musées. Le Louvre, par exemple, n'en possède ni pour la sculpture du moyen âge et de la Renaissance, ni pour la sculpture antique; pour ce département, il faut se contenter du premier volume de Frohner paru depuis longtemps et qui, d'ailleurs, ne mentionne qu'une partie des antiques grecs et ne parle aucunement des antiques romains. Le catalogue des écoles de peinture est toujours celui de Villot, qui est excellent, mais incomplet, et auquel il serait temps d'adjoindre un supplément.

Mais c'est surtout pour le château de Versailles que le manque absolu de catalogue est inexplicable ; les touristes, les visiteurs qui ne se soucient que de l'ensemble du Palais, musée, parc, etc., ont bien à leur service les excellents guides de Bernard, mais si le désir les prend de connaître le palais par les détails, ils doivent se contenter de s'entendre répondre par les gardiens qu'il n'y a plus de catalogues. Et effectivement le très remarquable ouvrage d'Eudore Soulié est absolument épuisé et c'est tout au plus si l'administration en possède un exemplaire. Dans cette publication de l'érudit regretté se trouvaient tous les renseignements désirables, depuis l'abrégé chronologique de l'histoire du palais de Versailles de 1624 à 1858, depuis le détail de chaque œuvre d'art du palais ou des jardins jusqu'à l'explication de chaque tableau, jusqu'à l'historique de chacune des salles des appartements qui sont aujourd'hui le

Musée. Il est inconcevable que l'administration n'ait pas depuis longtemps fait réimprimer et continuer ce remarquable travail, le plus complet qui ait paru sur le château de Versailles. Un catalogue ne doit pas devenir une rareté recherchée par les bibliophiles ; c'est pourtant le cas de celui d'Eudore Soulié.

Revenons au musée du Luxembourg.

Si son catalogue est complet, il s'en faut que les richesses artistiques qu'il mentionne soient dans de bonnes conditions pour être présentées au public. Quel musée de province pourrait se contenter de ces salles où les tableaux, les marbres entassés (je ne parle que de ceux qui peuvent être placés) sont littéralement les uns sur les autres, où il n'est pas permis, devant les statues par exemple, de prendre le recul nécessaire pour les voir à une distance convenable ? On parle bien d'améliorations, de déménagement, de transfèrement. Les améliorations seront toujours insuffisantes, et, outre que l'on ne comprend pas le musée du Luxembourg ailleurs qu'au Luxembourg, il n'est pas possible que l'administration ne trouve pas dans son jardin un emplacement assez grand pour répondre à toutes les nécessités.

Le musée du Luxembourg doit s'accroître chaque jour (il n'est guère institué que pour cela) de nouveaux tableaux, de nouvelles statues provenant d'acquisitions ou de dons ; or, depuis l'époque de sa création, depuis 1818, le Musée doit se contenter d'occuper une surface qui fut reconnue insuffisante au bout de quelques années. Pour la sculpture, notamment, on a été obligé de se débarrasser (c'est le mot) en les plaçant dans le jardin, de statues qu'on ne pouvait, faute de place, conserver à l'intérieur.

Et pourtant, que de raisons pour modifier un pareil état de choses ! N'est-il pas nécessaire de voir, surtout en ce moment de combats d'écoles, de plus nombreux spécimens des œuvres de nos peintres français? Dans une intéressante notice de M. Beneditte, je trouve formulée cette plainte très juste : M. Gustave Moreau, par exemple, n'y possède qu'une seule toile à son actif; Bonvin, le pauvre Bonvin dont les œuvres sont pour ainsi dire perdues dans des musées de province, n'a pu entrer rue de Vaugirard qu'à la veille de sa mort, et bien d'autres, dont le nom a grandi, attendent encore à la porte du musée. Quant aux écoles étrangères, elles sont représentées par une vingtaine de noms, et la gravure française n'y est pas représentée du tout. Par un effort, on a péniblement pu placer sur des chevalets les œuvres de grands artistes comme MM. Roty, Chaplain, Ponscarme, Alphée Dubois, Dupuis, Bottée, etc. Que serait-ce si, selon le désir exprimé par des amis de l'art, il fallait y mettre des émaux, des ivoires, de l'orfèvrerie, des tapisseries, qui concourraient à centraliser au Luxembourg les résultats importants des progrès de l'art moderne dans toutes ses manifestations !

En parlant de progrès, il est bien entendu que l'on n'entend pas imposer au musée du Luxembourg l'entrée de toutes les tentatives d'un prétendu art qui, procédant à la façon de l'anarchie, croit qu'il suffit de terrifier et de détruire pour opérer une amélioration de toutes choses. Bien au contraire, il faudrait apporter une grande sévérité à l'examen des œuvres nouvelles et redouter de donner à ces salles modernes l'aspect de salons de refusés. Malheureusement nous n'en sommes point encore là, et le Luxembourg doit n'avoir présentement d'autre souci que de faire placer les nouveaux tableaux acquis et de choisir ceux qu'il devra faire disparaître. C'est là qu'est le mal sur lequel nous appelons l'attention de l'administration dont le budget est bien faible, nous le savons, mais de qui nous sommes en droit d'attendre de nouveaux efforts.

Un souvenir pour terminer.

Le Musée du Luxembourg eut deux conservateurs pendant la Commune : André Gill, le caricaturiste, et Hippolyte Moulin, l'élégant statuaire dont le duc d'Aumale possède un charmant morceau : *le Secret d'en haut ;* tous deux s'étaient un peu nommés eux-mêmes à ces postes, pour sauver ce qu'ils pourraient sauver en cas d'une invasion vraisemblable des pétroleurs. Tous deux rêvaient pour ce musée à peu près ce que je demandais tout à l'heure ; ils avaient même rédigé chacun un projet en ce sens, projets trop larges d'idées et quelque peu personnels. André Gill voulait que les bâtiments du Luxembourg fussent occupés en totalité par les tableaux ; quant à Moulin, il y mettait de la sculpture partout, depuis le milieu des galeries jusque sur les murailles. De vives discussions s'élevèrent ; les deux amis se brouillèrent. Quelques années plus tard, ils étaient réunis sous le même toit... à la maison de santé de Charenton ! André Gill répétait : « — Je savais bien que Moulin devait finir comme cela, avec ses idées ! » Quant à Moulin, il disait parfois avec une sorte de joie contenue : « — Crever des tableaux ! » Telle fut la fin de ces deux conservateurs.

Tous deux, les pauvres artistes, avaient rêvé de grandes choses pour le Luxembourg, l'un en voulant faire une grande place à la peinture, l'autre, en voulant en donner une égale à la sculpture ; je sais bien qu'ils sont morts fous et l'étaient peut-être déjà un peu dans la vie ordinaire. Ne pourrait-on pas pourtant réaliser jusqu'à certain point leurs désirs ? Car de même que la science trouve la santé dans une parcelle du plus violent poison, la raison ne peut-elle pas aussi emprunter parfois à ce que nous appelons la folie quelques grains de bon sens?

FIN.

TABLE

—

	Pages
LE MOÏSE DE MICHEL-ANGE.	1
LE TRÉSOR DE DELPHES.	15
UN LIVRE SUR REMBRANDT.	25
LES MURS DU LOUVRE.	31
LES SCULPTURES DU PARC DE VERSAILLES .	47
UNE VISITE AU CHATEAU DE MAINTENON . .	141
LE BUFFET DU PARC DE TRIANON. . . .	179
LA NYMPHE DE COYZEVOX.	189
LES COCHIN	199
LA BIBLIOTHÈQUE DE VERSAILLES. . . .	205
GÉRICAULT (LE RADEAU DE LA MÉDUSE) . .	217

RUDE ET SON ÉLÈVE CHRISTOPHE.	231
L.-G. PELOUSE	237
ANTONIN MERCIÉ	253
J. DALOU	281
L'ÉCOLE MODERNE DES MÉDAILLEURS FRANÇAIS	293
UNE EXPOSITION DE LITHOGRAPHIE. . . .	313
LES DEUX SALONS DE SCULPTURE.	321
LES ACQUISITIONS DU LOUVRE.	331
LE MUSÉE DU LUXEMBOURG.	343

PARIS. — IMPRIMERIE CHAIX. — 12392-7-94. — (Encre Lorilleux).

DERNIÈRES PUBLICATIONS

Format grand in-18, à 3 fr. 50 le volume

	vol.		vol.
RENÉ BAZIN		**JULES LEMAITRE**	
Les Italiens d'aujourd'hui	1	Les Rois	1
TH. BENTZON		**HUGUES LE ROUX**	
Le Parrain d'Annette	1	Gladys	1
ÉDOUARD CADOL		**PAUL MAHALIN**	
Le Secrétaire particulier	1	Les Barricades	1
Mme CARO		**HENRY RABUSSON**	
L'Idole	1	Préjugé?	1
ALBERT DELPIT		**J. RICARD**	
Marcienne	1	Cristal Fêlé	1
ANATOLE FRANCE		**GABRIEL MONOD**	
Le Lys rouge	1	Renan, Taine, Michelet	1
GYP		**RICHARD O'MONROY**	
Le Mariage de Chiffon	1	Place au théâtre!	1
LUDOVIC HALÉVY		**PAUL SAMY**	
Karikari	1	La Fiancée du docteur	1
PRINCE DE JOINVILLE		**JEANNE SCHULTZ**	
Vieux Souvenirs	1	Ce qu'elles peuvent!	1
HENRI LAVEDAN		**LÉON DE TINSEAU**	
Le Lit	1	Le Chemin de Damas	1
PIERRE LOTI		**CLAUDE VIGNON**	
Madame Chrysanthème	1	Jeanne de Mauguet	1

Paris. — Imprimerie A. Delafoy, 3, rue Auber

www.ingramcontent.com/pod-product-compliance
Lightning Source LLC
Chambersburg PA
CBHW052238220526
45471CB00001B/90